W0356259

MICHAEL KRIEGEL

DEUTZ

VOM RÖMISCHEN KASTELL ZUR KÖLN-ARENA

Bibliografische Information der Deutschen Nationalbibliothek
Die Deutsche Nationalbibliothek verzeichnet diese Publikation in der Deutschen Nationalbibliografie; detaillierte bibliografische Daten sind im Internet über http://dnb.d-nb.de abrufbar.

© 2022 Emons Verlag GmbH

© Fotos: Covermotiv: Shutterstock/emes_foto; S. 24, S. 33 (unten rechts und links), S. 43, S. 46, S. 50, S. 52, S. 54, S. 59, S. 65, S. 77, S. 88 (oben), S. 97, S. 102, S. 120, S. 123, S. 125, S. 126, S. 129, S. 132, S. 133, S. 136, S. 138, S. 145, S. 148, S. 150: Uschi Statz-Kriegel, Michael Kriegel; S. 68, 108, 110: AKG Images; S. 91: Hotel Stadtpalais/Hardy Schwerger; S.93: iStock/ Gerd Hader; S. 94: Hannes Grobe; S. 99: Thomas Wolf; S. 140-141: Shutterstock/Ilari Nackel

Der Verlag und der Autor haben sich um die Rechteeinholung bemüht. Nicht in allen Fällen ist uns dies gelungen. Sollten Rechte geltend gemacht werden, bitten wir die Rechteinhaber, sich mit dem Nachweis direkt an den Verlag zu wenden.

Gestaltungskonzept und Satz: derbruno.com
Umschlaggestaltung: derbruno.com
Druck und Bindung: source-e GmbH
Printed in Germany 2022

ISBN 978-3-7408-1565-3

Unser Newsletter informiert Sie regelmäßig über Neues von emons:
Kostenlos bestellen unter www.emons-verlag.de

MICHAEL KRIEGEL

DEUTZ

VOM RÖMISCHEN KASTELL ZUR KÖLN-ARENA

emons:

Inhaltsverzeichnis

Durchweg offen sichtlich
Entdeckungstour durch Deutz

Praktisch alles zusammen
Daten, Fakten, Zahlen

Vorwort

Die Entstehung dieses Buches verdanke ich zwei entscheidenden Phasen meiner Biografie: Deutz war ab 1975 mein erster Wohnsitz in Köln – ganze fünf Jahre lang. Und: Deutz ist rund 40 Jahre später der Ort, an dem ich neben Rodenkirchen und dem Agnesviertel kulturell-kulinarische Stadtteilführungen gestalte und durchführe.

Seit meiner Ankunft in Köln haben mich die Geschichte(n) von und in dieser Stadt fasziniert – und die von Deutz ganz besonders in ihren Bann gezogen. Nie vergessen werde ich meinen allerersten Besuch in Deutz. Es war ein schöner Frühlingstag im März 1975. Als Erstsemestler fuhr ich mit der Straßenbahn von Sülz nach Deutz zur Anmeldung am dortigen Campus – der heutigen Technischen Hochschule. In Sülz (dort hatte ich meine erste Bleibe in einem spärlichen Zimmer) stieg ich in die Straßenbahn. Ich wusste zwar, welche Bahn-Linie ich nehmen musste, kannte mich in Köln aber kaum aus. Also fragte ich den Straßenbahnfahrer (damals noch möglich), an welcher Haltestelle ich aussteigen müsse. Der knurrte: »Düx-Kalker-Bad«. Dass die Kölner Deutz »Düx« nennen, wusste ich noch nicht. Außerdem verstand ich, als ich vor über 40 Jahren nach Köln kam, kein Kölsch. Sicherheitshalber hakte ich noch einmal nach, woraufhin der Fahrer schon etwas ungehaltener wiederholte: »Düx-Kalker-Bad«. In Ordnung. Erst einmal hinsetzen. Irgendwann wird die Durchsage meines Zielorts schon kommen – dachte ich. Mit jeder mir völlig fremden Haltestelle stieg allerdings der Pegel meiner Nervosität. Und als die Bahn dann auch noch über den Rhein fuhr, dachte ich: Hilfe, du bist verkehrt, wir verlassen Köln! Also lief ich noch mal zum Fahrer, der mich schon im Spiegel fixierte und ohne mein erneutes Fragen abzuwarten laut vernehmlich rief: »Düx-Kalker-Bad. Do kannste dir och jlich dinge Uhre wäsche.« So kam ich also in Deutz, pardon, Düx an. Den bestimmt freundlich gemeinten Hinweis des KVB-Mitarbeiters habe ich, wenn auch nicht vergessen, so doch als Kölner Herzlichkeit abgehakt und bezog kurze Zeit später ein schönes neues Domizil in der Lorenzstraße.

Heute bin ich überzeugter Wahl-Kölner, häufig umgezogen und schließlich wieder auf der Schäl Sick, diesmal in Köln-Dellbrück, gestrandet. Mit Freude darf ich sagen, dass diese Stadt zu meinem Zuhause geworden ist. Auch der Zugang zum Dialekt blieb mir nicht verwehrt, woraus sich ein wunderbares Zugehörigkeitsgefühl ergeben hat.

Die zweite Weichenstellung, durch die ich mit Deutz eng verbunden bin, war vor einigen Jahren die Chance als Stadtteil-Guide zu arbeiten. Sie verschaffte mir die Möglichkeit, an meine »Deutzer Zeit« in den 1970erJahren anzudocken und mich in die Geschichte und Stadtentwicklung dieses Ortes zu vertiefen. So wurde mir beispielsweise bewusst, dass ich mit meiner damals naiven Annahme, Köln zu verlassen, wenn ich den Rhein überquere, gar nicht so verkehrt lag. Schließlich waren die linksrheinische Metropole und das rechtsrheinische Deutz lange Zeit zwei getrennte Städte und der Rhein die natürliche Grenze. Mit dieser Erkenntnis war der Grundstein für meine Neugierde an Deutz gelegt, eine Neugierde, die bis heute ungebrochen anhält und mich zum Verfassen dieses Buchs animierte.

Im ersten Kapitel beschäftige ich mich – wie es sich für solch einen historischen Ort gehört – mit der Entstehung, also Geschichte, von Deutz. Im Anschluss lade ich zu einer Entdeckungstour ein, die an stadtteilspezifischen Bauwerken, Orten und Plätzen haltmacht, um dort Neues zu erfahren oder Bekanntes zu vertiefen. Das »Kleine Lexikon Deutzer Straßennamen« gibt einen Überblick über viele Straßen, Wege und Plätze in Deutz sowie deren Namensbedeutung. Mit Daten, Fakten, Zahlen komplettiere ich »(m)eine kurze Geschichte über Deutz«. Um unterwegs nicht zu »verhungern«, wird im letzten Kapitel eine kleine gastronomische Auswahl vorgestellt, die exemplarisch für das abwechslungsreiche kulinarische Angebot in Deutz steht.

Parallel zum Text kommen Zeitzeugen und Deutz-Kenner zu Wort, werden Videos, Interviews und zusätzliche Informationen multimedial integriert. So wird das Buch zu einem mehrdimensionalen Erlebnis für Ortskundige, Imis (Zugezogene), Fremde und solche, die einfach nur ein bisschen über Deutz erfahren wollen.

Michael Kriegel

Mit Beiträgen von

Walter Buschmann
Martin Stankowski
Jürgen Dreher
Johannes Bodewig

Der Blick übers Buch hinaus

Ein typischer Nachteil allgemeiner Buchkultur ist die Tendenz der fehlenden Interaktion. Um diese Beschränkung etwas aufzubrechen, habe ich in meinem Deutz-Titel die Text- und Bildbeiträge durch weitere mediale Elemente erweitert. So können innerhalb der Printversion Interviews, Videos oder andere Filmbeiträge per QR-Code abgerufen werden, die den Buchinhalt ergänzen beziehungsweise vertiefen. Darüber hinaus machen verschiedene Piktogramme auf zusätzliche Informationen und Tipps aufmerksam.

Symbolerläuterung:

QR-Code

Dies ist das zentrale Symbol. Mit einer QR-Reader-App auf dem Smartphone (bei vielen Geräten ist ein Reader bereits vorinstalliert) kann mit der Kamera ein QR-Code gescannt werden. Nachdem der QR-Code im Sucher in der Kamera-App angezeigt wird, kann durch Antippen der Link-Mitteilung der QR-Code zugeordnet werden und der damit verknüpfte Inhalt öffnet sich.

Ach, übrigens …

In dieser Rubrik werden bestimmte Bezeichnungen, Namen, Redewendungen oder Ähnliches erklärt oder erläutert.

Zum Weiterlesen

Wer inhaltlich ein Thema vertiefen möchte, findet hier Hinweise zu weiterführender Literatur oder interessanten Publikationen.

Hinweis

Dieses Piktogramm weist auf weitere wissenswerte Informationen zum beschriebenen Thema hin und ist häufig auch mit einem QR-Code verknüpft.

Interview

Zu verschiedenen Themen und Inhalten geben Experten Auskunft über bestimmte Sachverhalte oder Zusammenhänge und erläutern ihre persönliche Perspektive.

Film / Video

Auf verschiedenen Kanälen (Youtube, Facebook, Mediatheken et cetera) sind interessante Beiträge als Ergänzung zum Buchtext zu finden, auf die mit dem Kamera-Symbol hingewiesen wird.

Musik

Das Lautsprechersymbol weist auf musikalische Beiträge hin.

01 ZURÜCK NACH VORNE

ZURÜCK NACH VORNE

Deutzer Geschichte
und Geschichten

Rechtsrheinisch und direkt gegenüber dem Kölner Stadtzentrum liegt Deutz, von den Einheimischen liebevoll »Düx« genannt. Der größte der fünf Stadtteile im Bezirk Innenstadt ist das Einfallstor von insgesamt 34 Stadtvierteln auf der rechten Rheinseite – teils überheblich, teils augenzwinkernd als »Schäl Sick« etikettiert. Deutz gehört heute wie selbstverständlich zu Köln.

Das allerdings hat bis vor rund 130 Jahren – im historischen Kontext betrachtet noch gar nicht so lange her – völlig anders ausgesehen. Deutz war viele Jahrhunderte ein eigenständiger Ort, eine selbstständige Stadt, quasi das urbane Pendant zum linksrheinischen Köln. Der Gründungszeitpunkt von Deutz wird auf das Jahr 310 nach Christi datiert. Deutz ist also über 1.700 Jahre alt. In Köln wird das, was in dieser Zeit auf der gegenüberliegenden Rheinseite geschieht, als fremd und suspekt wahrgenommen. Erst Ende des 19. Jahrhunderts, als Deutz seine über 1.500-jährige Eigenständigkeit aufgibt, nehmen die Vorbehalte gegenüber der rechtsrheinischen Bevölkerung allmählich ab.

Heute verfügt Deutz über eine historische, urbane und kulturelle Vielfalt, die – gemessen an Kölns Szenevierteln – etwas bescheidener daherkommen mag, aber bei genauer Betrachtung nicht minder beeindruckend und facettenreich ist. Außerdem hat der Standort Deutz mehr als einmal bewiesen, dass er über eine starke Anziehungskraft verfügt. In Deutz treffen sich jährlich zigtausende Messeaussteller und -besucher, gastieren Weltstars in einer der international größten und modernsten Multifunktionshalle, besuchen angehende Akademiker die größte Fachhochschule Deutschlands, flanieren Einheimische und Touristen in einem der schönsten Stadtparks und genießen die grandiose Aussicht auf den Kölner Dom und die Altstadtsilhouette. In den kommenden Jahren sind in Deutz weitere wichtige Strukturimpulse geplant, die in der gesamte Region Wirkkraft entfalten sollen.

Die historische Komplexität dieses Stadtteils in Verbindung mit der Jetztzeit, seine abwechslungsreichen und teilweise kontrastreichen Gebäude, Straßen und Plätze sowie die versteckten Kleinode besitzen Ausstrahlungskraft, machen neugierig und bringen Dinge in Deutz zum Vorschein, die selbst Einheimische noch überraschen dürften.

Für Eilige: Eine Zeitreise durch 1.700 Jahre Deutzer Geschichte:

Zeitreise durch Deutz (yumpu.com)

Die entscheidende Zäsur für Deutz markiert das Jahr 1888: Nach zahlreichen Auseinandersetzungen und Rivalitäten mit der gegenüberliegenden Metropole wird Deutz eingemeindet und verliert seine jahrhundertelange Eigenständigkeit.

Die Diskussion um die Einverleibung von Deutz beginnt bereits 1855. Zu diesem Zeitpunkt regt unter anderem die Kölner Handelskammer eine Stadterweiterung mit der Begründung an, Köln bedürfe Raum zur Entwicklung einer großen Industrie. Dem Plädoyer der Kaufleute und Fabrikanten stimmen allerdings nicht alle zu. Eine Reihe von Kölner Stadtverordneten erheben energischen Einwand. Viele sehen den Rhein als natürliche Grenze, die nicht abzuschaffen sei, weil es keinen Zusammenhang geben könne und die Stadterweiterung nur zusätzliche Kosten verursache. Andere argwöhnen, dass das rechtsrheinische industrielle Potenzial die Kölner Wirtschaft schwächen könne. Abgesehen von alledem würden die preußischen Festungsanlagen um die Städte Köln und Deutz rein faktisch eine Stadterweiterung verhindern. Erst als der Widerstand der Militärbehörden gebrochen ist und Köln die Festungsanlagen schrittweise erwerben konnte, steht der räumlichen Ausdehnung und Einverleibung von Deutz nichts mehr im Wege.[1]

Woher kommt eigentlich der Begriff: »Schäl Sick«?

Es gibt verschiedene Versionen zur Herkunft dieser Bezeichnung. Erklärung 1: »Schäl«

bedeutet unter anderem (grob übersetzt) »falsch« oder »missraten« Weniger negativ formuliert, lässt sich der Ausdruck ableiten von dem Wort »scheel« (verwandt mit blinzelnd, schielend). Diese Herleitung stammt aus der Zeit, als Treidelpferde auf der linken Rheinseite Schiffkähne flussaufwärts gezogen haben. Durch die Sonnenspiegelung wurden die Pferde auf dem zum Rhein zugewandten Auge geblendet. Um die Tiere zu schützen, wurden ihnen Augenklappen angelegt, wodurch sie die andere Rheinseite nicht mehr sehen konnten. Und so hatte die »Schäl Sick« ihren Ruf weg.

Erklärung 2: Der Begriff hat einen religiösen Hintergrund. Der Rhein galt in der Spätantike als natürliche Grenze des römischen Reichs. Linksrheinisch bevölkerten die Römer das alte Köln, während auf der rechten Rheinseite Germanenstämme lebten. Diese huldigten ihren eigenen Göttern, wie Odin oder Thor. Die Christen verachteten die heidnischen Götter, vor allem den einäugigen (»schälen«) Odin. Insofern lebte das unkultivierte, heidnische Volk eben auf der Seite des »Schälen«, auf der Schäl Sick.

Gleich welcher Interpretation man folgt, der Begriff »Schäl Sick« für das Rechtsrheinische hat eine lange Tradition in Köln. Bereits vom Heiligen Bonifatius wird überliefert, dass er im 8. Jahrhundert vom »Heidenland« spricht, und die Kölner vor Saufereien im ausländischen Deutz warnt, wo man Schaden an Verstand und Gesundheit erleide. Selbst vom Kölner Oberbürgermeister Konrad Adenauer wird kolportiert, dass für ihn in Deutz der Bolschewismus beginne und hinter Braunschweig die Walachei, weshalb er auf Reisen ins ferne Berlin die Abteilvorhänge zugezogen habe, sobald die Bahn den Rhein überquerte.

Die Schäl Sick mag für manchen Kölner noch immer negativ behaftet sein. Veränderte Lebensgewohnheiten, Wert- und Schönheitsvorstellungen verleihen ihr in den letzten Jahrzehnten aber ein anderes Image. Deutz wirkt zunehmend nicht nur als attraktiv-schräger, sondern auch von einer besonderen Ästhetik und Authentizität begünstigter Teil von Köln [3].

Im Jahr 1887 setzt sich Friedrich Wilhelm von Becker (1835-1924) gerade mal ein Jahr als Kölner Oberbürgermeister im Amt, mit seiner Idee der großen Stadterweiterung durch. Mit einer fulminanten Rede überzeugt Becker auch die Gegner seiner Pläne in der Kölner Stadtverordnetenversammlung. Die mit dem letzten Deutzer Bürgermeister Carl Robert Reisch (1833-1904) ausgehandelten Eingemeindungsverträge können somit am 1. April 1888 in Kraft treten. Das Ende eines jahrhundertealten fest in sich gefügten Orts- und Lebensgebildes ist damit besiegelt, ebenso wie die bis dahin existierende gegenpolige Entwicklung der beiden Städte. In der Deutzer Chronik heißt es dazu: »Seit der Eingemeindung [...] führt unsere Stadt Deutz den Namen Cöln-Deutz. Von diesem Tag an hörte Deutz auf, eine eigene Gemeinde zu sein.«[2]

Deutz ist nicht der einzige (oft mit Stadtrechten ausgestattete) Vorort Kölns, der 1888 »aufhört«, eigenständig zu existieren (siehe Kasten). Aufgrund seiner geostrategischen Lage ist der rechtsrheinische Ort aber schon seit Römerzeiten von zentraler Bedeutung – allerdings nicht immer zum Wohl seiner Bevölkerung. Leid und Zerstörung ziehen sich wie ein roter Faden durch die Deutzer Geschichte. Die Ortschaft ist über viele Jahrhunderte hinweg kriegerischen Auseinandersetzungen ausgesetzt, nicht zuletzt bedingt durch die vom Kölner Konkurrenzdenken herbeigeführte Wehrlosigkeit. Deutz ist Spielball politischer und strategischer Rangeleien und wird mehr als einmal von Naturkatastrophen wie Hochwasser und Eisgang heimgesucht. Die Deutzer lassen sich aber nicht unterkriegen. Deutz bleibt über viele Jahrhunderte autonom, wenngleich auch immer unter argwöhnischer Beobachtung der linksrheinischen Metropole. Als Schmelztiegel unterschiedlicher Glaubensrichtungen (Katholiken, Protestanten, Juden) sowie verschiedener Bevölkerungsgruppen und Berufe wird Deutz ein lebendiges urbanes Quartier. Es gibt Epochen (insbesondere im Spätmittelalter), da kann Deutz sogar mit Fug und Recht von sich behaupten, aufgeschlossener, freier und fremdenfreundlicher zu sein als das gegenüberliegende Köln.

In der Neuzeit wird Deutz unter den Preußen Garnisonstadt, Industriezentrum und Verkehrsknotenpunkt. In der rechtsrheinischen Stadt wird gefeiert, musiziert, getanzt und gezockt, was Deutz bis weit ins 19. Jahrhundert den Ruf eines Vergnügungsviertels einbrachte. Als eingemeindete Vorstadt wächst der rechtsrheinische Stadtteil schließlich zu einem bedeutenden Messe-, Medien- und Dienstleistungsstandort.

Die Kölner Stadterweiterung von 1888

Eingemeindet wurden linksrheinisch die Stadt Ehrenfeld mit dem heutigen Neuehrenfeld, ferner Teile der Gemeinde Efferen (des heutigen Klettenberg), die Gemeinde Kriel (mit Braunsfeld, Kriel, Lind linksrheinisch, Lindenthal und Sülz), die Gemeinde Longerich (mit Butzweiler, Heimersdorf, Lindweiler, Longerich westlich der Neusser Landstraße, Niehl, Stallagsberg, Volkhoven, Weidenpesch beziehungsweise Merheim linksrheinisch), die Gemeinde Müngersdorf (mit Bickendorf, Bocklemünd, Melaten, Mengenich, Müngersdorf, Ossendorf, Vogelsang), die Gemeinde Nippes (mit Mauenheim, Nippes, Riehl) sowie Teile der Gemeinde Rondorf (Arnoldshöhe, Bayenthal, Klettenberg, Mansfeld, Marienburg, Raderberg, Raderthal, Weißhaus, Zollstock).

Rechtsrheinisch wurden eingemeindet die Stadt Deutz, aus der Stadt Kalk ein Teil des Bahngeländes Deutzer Feld, aus der Stadt Mülheim der südliche Teil des Mülheimer Hafens und das Gebiet südlich der Ferdinandstraße, sowie die Gemeinde Poll (mit Humboldt-Gremberg westlich der Straßenzüge Rolshover Straße, Gremberger Straße, Roddergasse und Poll).

(Quelle: Carl Dietmar und Heribert Rösgen: Der lange Weg bis zur Stadt Köln, KStA vom 01.04.2013)

Römischer Brückenkopf zum Schutz vor den Barbaren

Die Entstehung von Deutz geht auf das 4. Jahrhundert zurück. Linksrheinisch existiert bereits seit 50 nach Christus die prachtvolle *CCAA – Colonia Claudia Ara Agrippinensium* (das heutige Köln). Rechtsrheinisch siedeln verschiedene Germanenstämme – von den Römern despektierlich »Barbaren« (weil »fremd«, »wild«, kurz »zivilisierungsunfähig«) genannt. Der Rhein, den Namen geben ihm die Kelten vor 2.500 Jahren, fungiert als natürliche und unverrückbare Grenze.

Zu Beginn des 4. Jahrhunderts stellt sich die Situation für Köln wie folgt dar: Das Römische Reich hat seinen Zenit seit Langem überschritten. Politische Machtkämpfe schwächen das Imperium und an den Grenzen kommt es im Zuge der Völkerwanderung immer wieder zu militärischen Auseinandersetzungen. Das antike Köln sieht sich zunehmenden germanischen Angriffen ausgesetzt. Vor allem die Franken drängen über den Rhein und überfallen in regelmäßigen Abständen die linksrheinischen römischen Provinzen. Um die Attacken schon auf dem rechtsrheinischen

Konstantinbrücke

Castellum Divitia

Ufer abwehren zu können, müssen die Truppen flexibel sein, und schnell verlegt werden können. Kaiser Konstantin I. (306-336) lässt deshalb um das Jahr 310 unweit der heutigen Deutzer Brücke einen festen Rheinübergang aus steinernen Strompfeilern und Holzbauteilen errichten.

Colonia Claudia Ara Agrippinensium (CCAA) heißt übersetzt: »Claudische Kolonie und Opferstätte (Altar der Agrippinenser«. Gegründet von Kaiser Claudius um 50 nach Christus Die CCAA ist bis zu diesem Zeitpunkt die Hauptstadt der römischen Provinz Germania inferior (Niedergermanien).

Aggripina die Jüngere, Tochter des Germanicus, ist in CCAA geboren. Sie erreicht, dass ihr dritter Ehemann und Onkel, Kaiser Claudius, Colonia zur Stadt römischen Rechts erklärt. Agrippina gilt somit als Stadtgründerin Kölns.

Die Römerbrücke (auch Konstantinbrücke genannt) ist 420 Meter lang und zehn Meter breit. Das Bauwerk ist eine grandiose Leistung der Baumeister und beteiligten Handwerker, die ihresgleichen sucht im antiken Weltreich. Zum Schutz Kölns und gewissermaßen als Reaktion auf die fränkischen Invasionen lässt Konstantin zudem am rechtsrheinischen Brückenkopf ein mächtiges militärisches Bollwerk errichten: das *Castellum Divitia*. Abgeleitet aus dem lateinischen *Divitia* entwickelt sich nach verschiedenen Namensänderungen schließlich der Name *Deutz*.

Das Deutzer Kastell ist (vermutlich) quadratisch angelegt, mit einer Seitenlänge von etwa 140 Metern. Die stark befestigte Anlage besteht aus:

Bronzemodell des Deutzer Kastells (Historischer Balkon am Rheinboulevard)

einer rundumlaufenden Mauer mit einer Stärke von 3,30 Metern, 14 Wachtürmen, zwei massiven Toren mit Fallgittern und einem zwölf Meter breiten und drei Meter tiefen Graben vor der Mauer.
Die Garnison des Deutzer Kastells ist rund 1.000 Mann stark. Bis zum Abzug der Römer aus dem Kölner Raum (etwa 455/456) wird das römische Militärlager nie erobert beziehungsweise zerstört.

Heute erinnert im Kölner Stadtmuseum ein wunderbar plastisch herausgearbeitetes Modell an das römische Kastell. Dank des Förderverein Historischer Park Deutz e. V. ist außerdem seit Juli 2020 ein maßstabsgetreues Bronzemodell des Castellum Divitia auf dem sogenannten Archäologischen Balkon des Historischen Parks in Deutz ausgestellt. Das von der Kölner Künstlerin Gisela Weinert angefertigte Modell visualisiert nicht nur in eindrucksvoller Weise wie das Kastell vermutlich einmal ausgehen hat, sondern macht es auch – weil man es anfassen und ertasten darf – im wahrsten Sinne des Wortes begreifbar.
Weitere gut erhaltene Fragmente des Kastells sowie konservierte Reste des Osttors lassen sich zwischen dem Lanxess-Tower und der Abtei St. Heribert inspizieren. Im historischen Gewölbekeller der ehemaligen Abtei

befinden sich weitere Teile der Innenseite der römischen Kastellmauer in einem sehr guten Zustand, welche im Rahmen von Führungen der Öffentlichkeit zugänglich gemacht werden. Nicht zugänglich sind hingegen Überreste in der Tiefgarage des Lanxess-Towers. Es ist anzunehmen, dass wohl noch zahlreiche eindrucksvolle Relikte aus 1.700 Jahren rechtsrheinischer Geschichte auf dem ehemaligen Gelände des Deutzer Kastells und drumherum verborgen schlummern.

Nachdem das **Komitee des Unesco Weltkulturerbes** im Juli 2021 den Niedergermanischen Limes zum Weltkulturerbe erklärt hat, gebührt auch dem **Deutzer Römerkastell Divitia** als Teil des Limes (neben dem **römischen Praetorium und dem Flottenlager Alteburg)** die Ehre der Auszeichnung.

Um die museale und historische Bedeutung dieser archäologischen Zone Kölns sicherzustellen, macht sich im Besonderen der **Förderverein Historischer Park Deutz e. V. (FHDP)** verdient. Der Verein bietet allen archäologisch, historisch und an Fragen von Stadtplanung und Stadtentwicklung Interessierten themenbezogene Informationen an, organisiert Vorträge, Führungen und Exkursionen, und stellt eine Plattform für aktive und passive Mitarbeit zur Verfügung. Auf seiner Website **www.fhpd.de** bietet der Förderverein eine sehenswerte virtuelle Führung durch den Historischen Park an:

Hubert Kruppa (2001): Deutz – Ein Stadtteil mit großer Geschichte. Von Carl Dietmar neu bearbeitete und erweiterte Auflage 2001. Seite 9–13. Bachem-Verlag, Köln.

Maureen Carroll Spillecke (1994): Das römische Militärlager Divitia in Köln-Deutz. In: Kölner Jahrbuch 26. Seite 321–444.

Werner Eck (2004): Geschichte der Stadt Köln. Band 1. Köln in römischer Zeit. Geschichte einer Stadt im Rahmen des Imperium Romanum. Greven-Verlag. Köln.

Die Franken und die Gründung der Deutzer Abtei

Köln wird erstmalig von den Franken im Jahr 355 belagert. Sie zerstören das römische Köln fast völlig. Durch Kaiser Julian (332-363) gelingt es aber, die Stadt bald danach (357/58) wieder in römischen Besitz zu bringen. Die meisten zerstörten Gebäude werden wiederaufgebaut und viele neue kommen hinzu. Die verwüstete Stadt erstrahlt recht schnell wieder in ihrem alten Glanz. Die Friedensperiode dauert etwa 100 Jahre. 462 nach Christus fällt das antike Köln abermals und dieses Mal endgültig den Franken in die Hände.

Das Krieger- und Bauernvolk nutzt die erhalten gebliebene römische Infrastruktur, vor allem das Praetorium in und die Stadtmauer um Köln. Im Mauerbereich des Deutzer Kastells wird ein Königs- und Herrenhof errichtet, der sich in Verbindung mit den dazugehörigen Gehöften

St. Heribert um 1530

fränkischer Bauern nach und nach zu einem eigenen Gemeinwesen entwickelt. Das Kastell wird schließlich zum Kern der aufstrebenden Siedlung *Divitia Civitas* (Bürgerschaft Deutz). Im Zeichen der bereits unter Konstantin I. beginnenden Christianisierung wird Köln Bistum und 799 dann Erzbistum.

Darüber, wie sich Deutz in den folgenden Jahrhunderten entwickelt, weiß man nicht sehr viel. Auch nicht, seit wann genau die Konstantinbrücke nicht mehr existiert. Vom Kölner Erzbischof Bruno (925-965) wird berichtet, er habe Mitte des 10. Jahrhunderts die Brücke als Steinbruch für dessen Bauvorhaben, wie zum Beispiel St. Pantaleon und St. Andreas, benutzt.[4] Der Abriss außerhalb der Stadtmauern diene außerdem der Sicherung. Angeblich ist sie ein Anziehungspunkt für Räuber und Wegelagerer.

Nach dem Verschwinden der Brücke braucht es fast 900 Jahre, ehe 1822 mit der Deutzer Schiffbrücke wieder eine befestigte Rheinüberquerung möglich ist. Während dieser Jahrhunderte verkehren lediglich Nachen (Boote) und Fährschiffe zwischen den Rheinufern.

Rund ein halbes Jahrtausend nach der fränkischen Eroberung überträgt Kaiser Otto III (930-1002) seinem Freund und Mitstreiter, Erzbischof Heribert (970-1021), das römische Kastell, den darin befindlichen Königshof sowie die außerhalb des Kastells angesiedelte Ortschaft. Laut Stiftungsurkunde lässt Heribert am 1. April 1003 auf dem Areal des Kastells ein Benediktinerkloster errichten und gründet die Abtei Deutz. Nach und nach vergrößert sich der Besitz des Klosters, sodass neben Deutz auch die Orte Kalk, Vingst, Poll, Westhoven und Rolshoven dazugehören.

Heribert stirbt 1021 und erhält eine Grabstätte in der Abteikirche. Bald danach wird er als Heiliger verehrt. 1147 werden die Gebeine in ein sehr kostbares Reliquiar, den Heribertschrein gebettet. Es befindet sich seit Ende des 19. Jahrhunderts in der Kirche Neu St. Heribert, auch »Deutzer Dom« genannt. Etwa 100 Jahre nach Heriberts Tod leitet der gelehrte Mönch Rupert von Deutz (1075-1129) als einer der bekanntesten Äbte das Kloster.

Die 1020 eingeweihte romanische Kirche St. Heribert zählt heute zu den 13 ehemaligen kleinen romanischen Dorfkirchen außerhalb der mittelalterlichen Stadtmauern, die nach den zahlreichen Eingemeindungen zum Kölner Stadtgebiet gehören.

Neben den **zwölf großen romanischen Kirchen** in der Innenstadt gibt es in den Vororten Kölns – ehedem Städte und Dörfer im Umland – weitere 13 sogenannte **kleine romanischen Kirchen.** Diese werden hier in einem Video kurz vorgestellt, darunter auch die Klosterkirche Alt St. Heribert:

Die kleinen romanische Kirchen - YouTube

Deutz im Spätmittelalter

Wir schreiben das Jahr 1230. Argwöhnisch betrachten die Kölner, wie Erzbischof Heinrich I. (1080-1153) Deutz zur Stadt erhebt und diese einen steilen Aufschwung erfährt. Deutz erhält ein eigenes Stadtsiegel, verliert jedoch aufgrund strittiger Besitzverhältnisse seinen Stadtcharakter recht schnell wieder. Aus der Stadt Deutz wird nach der Entfestung im 13. Jahrhundert die Vriheit (Freiheit) Deutz, eine unbefestigte Ortschaft, die aber von Abgaben und Verpflichtungen gegenüber dem Landesherrn befreit ist. Erst 1806 wird Deutz vom Großherzog von Berg und dem Schwager von Napoleon Bonaparte, Joachim Murat (1767-1815), wieder zur Stadt erhoben.

Die Selbstständigkeit – mal als Stadt, mal als Freiheit – hat jedoch ihren Preis. Köln verweigert dem möglichen Konkurrenten eine Stadtbefestigung, sodass Deutz immer wieder wahllosen Angriffen ausgesetzt ist. Im späten Mittelalter wird Deutz zudem Zankapfel dreier sich bildender Lokalmächte: den Erzbischöfen Kurkölns, der freien Reichsstadt Köln sowie der Grafen von Berg. Keiner dieser Herrschenden gönnt dem anderen den Besitz von Deutz. Die Deutzer Bevölkerung hat unter den dauernden Zwistigkeiten und Kriegen sehr zu leiden. Außerdem führt die Entfestung des Kastells dazu, dass auch die Abteikirche zum Bedauern der Deutzer mehrmals zerstört wird. Die zerstrittenen Kontrahenten instrumentalisieren Deutz, mischen sich in seine Angelegenheiten ein, erobern, plündern und brandschatzen es abwechselnd. Deutz verarmt, wird zerrieben und zum Dorf im Schatten von Köln degradiert.

1424 werden Kölner Juden für »ewige Zeiten« aus der Stadt gewiesen. Sie retten sich ins Rechtsrheinische, viele lassen sich in Deutz nieder. Durch den Zuzug konnte sich Deutz wirtschaftlich einigermaßen erholen. Doch im Jahr 1538 verursacht eine vorsätzliche Brandstiftung die nächste Katastrophe: Deutz wird von einer verheerenden Feuersbrunst heimgesucht. Auch danach kommt der Ort nicht zur Ruhe. Der zum Protestantismus konvertierte katholische Erzbischof und Kurfürst Gebhart Truchsess von Waldburg (1547-1601) versucht, im Erzbistum Religionsfreiheit einzuführen und löst damit den sogenannten Kölner Krieg (1583–1588) aus, woraus sich dramatische Folgen für Deutz ergeben. Die Stadt wird völlig zerstört. Zeitgleich kommen viele Anhänger der Luther-Reformation (1517) aus dem katholischen Köln über den Rhein. Es bildet sich eine erste evangelische Gemeinde in Deutz.

Die Belagerungen, Zerstörungen und Plünderungen gehen weiter. 1591 wird Deutz Ausgangsbasis für Raubzüge französischer Truppen. Es folgen flandrische und spanische Soldaten, welche ausschließlich auf Plündern und Marodieren aus sind. Aufgrund immer lauter werdender Klagen der Deutzer Bevölkerung hat der Erzbischof von Köln schließlich ein Einsehen und lässt den Ort durch die Errichtung neuer Befestigungsanlagen schützen. Im verheerenden Dreißigjährigen Krieg (1618–1648) hält das die Schweden allerdings nicht davon ab, Deutz zu belagern und einzunehmen.

Es dauert eine ganze Weile, bis sich Deutz von all den Zerstörungen und Verwüstungen erholt. Durch den Zuzug von Juden, Protestanten und Hugenotten, die aus ihrer französischen Heimat vertrieben werden, gelingt der Gemeinde Ende des 17. Jahrhunderts aber erneut eine wirtschaftliche Wiederbelebung.[5]

Die große Flut

In Mitteleuropa herrscht 1784 einer der härtesten Winter. Der Rhein friert zu, die Eisschicht erreicht eine Stärke von sage und schreibe drei Metern. Aus Angst vor Eisgang werden in Köln öffentliche Gebete verordnet. Sie können aber die Eisschmelze nicht aufhalten, welche die bevorstehende Katastrophe beschleunigt. Am 28. Februar 1784 wird der unglaubliche

Wasserstand von 13,55 Metern erreicht. Die Eismassen zerquetschen alle Rheinschiffe, planieren Häuser in Ufernähe, weite Teile der links- und rechtsrheinischen Städte stehen unter Wasser. In Deutz und Mülheim sind die Schäden und Verluste enorm. Menschen sterben, Häuser stürzen ein, Tiere ertrinken, Obst- und Gemüsegärten sowie Äcker und andere Ländereien werden verwüstet. Es bietet sich ein Bild des Grauens. Als die Decke des Rheineises endlich krachend aufbricht, die Eis- und Wassermassen in Richtung Flussbett abströmen, wird: »Der Rhein geht!« zum tausendfachen Jubelruf.

Blick über den Rhein: Aufbruch in die Moderne

Mit dem Einmarsch französischer Revolutionstruppen 1794 unter General Championnet (1762-1809) endet die Epoche der freien Reichsstadt Köln, welche zu diesem Zeitpunkt völlig heruntergewirtschaftet ist. Weite Teile des Kölner Bodens gehören der katholischen Kirche. Im Vergleich zu anderen prosperierenden Städten Europas, wie Amsterdam, Prag oder Frankfurt am Main befindet sich Köln in einer Phase kultureller, wirtschaftlicher und sozialer Stagnation. Die Abkehr von mittelalterlichen Strukturen lässt sich nur durch umfassende Reformen erreichen. So erlebt Köln in den ersten Jahren der französischen Annexion einen radikalen Umbruch hinsichtlich seiner Verfassung und Verwaltung. Eine neue Rechtsprechung *(Code Civil)* wird verordnet, die Zünfte werden abgeschafft, Gewerbefreiheit eingeführt ebenso wie die Niederlassungsfreiheit, die es Juden und Protestanten ermöglichen, sich in Köln anzusiedeln und gleichberechtigte Bürger zu werden. Darüber hinaus enteignen die Franzosen – ausgerechnet im »hillije Coellen« – die Kirche. Der größte Teil geht in Staatsbesitz über. Zahlreiche Kirchen, Grundstücke, Klöster, Bibliotheken und Kunstschätze werden entweder unwiederbringlich zerstört oder gelangen auf den »freien Markt«.[6] Das alles spielt sich in erster Linie in Köln ab, hat aber natürlich auch Auswirkungen auf die andere Rheinseite; zumal als die Franzosen nach dem Friedenschluss mit Preußen 1795 auch das Bergische Land zwischen Wupper und Sieg besetzen. Dem Umstand allerdings, dass General Championnet sein Quartier in der rechtsrheinischen Abtei nimmt, verdankt es Deutz, einigermaßen glimpflich davonzukommen. Die Deutzer erleben es dennoch als herben Verlust, dass das Benediktinerkloster aufhört zu existieren. Die Säkularisation durch die Franzosen schafft jedoch die Voraussetzung für die frühe Industrialisierung, die Deutz, aber auch die benachbarten Gemeinden Mülheim und Kalk besonders prägen sollten.

Deutz wird preußische Garnisonsstadt

1815 erlebt Napoleon Bonaparte (1769-1821) sein Waterloo und auf dem Wiener Kongress (1814/1815) wird Europa neu geordnet. Köln haben die französischen Truppen bereits im Januar 1814 verlassen müssen. Das gesamte Rheinland kommt unter preußische Herrschaft. Die Preußen bleiben 100 Jahre. Sie machen aus Köln und Deutz ein gigantisches militärisches Bollwerk und umschließen, unter anderem aus Furcht, die Franzosen könnten zurückkommen, die Städte Köln und Deutz mit insgesamt 182 Festungsbauten. Der doppelte (innere und äußere) Festungsgürtel besteht aus *Forts, Lünetten, Kasematten* und was die Festungstechnik sonst noch so alles zu bieten hat.

Einen Großteil der Deutzer Bevölkerung machen jetzt Soldaten, Offiziere und Militärbedienstete aus. 1819 wird die neue Dragoner-Kaserne am Rhein errichtet. Sie dient später der Deutzer Kürassiere – wegen ihrer weißen Uniformen von den Deutzer auch »Mehlsäcke« genannt.

Ursprünglich will Preußen das Rheinland gar nicht und die Kölner die Preußen nicht. Für die Rheinländer gelten die Preußen als schroff, stocksteif und humorlos. Die Preußen hingegen verdächtigen die Rheinländer des politischen Franzosentums und finden ihre Lebensart liederlich. Zwei Mentalitäten prallen aufeinander: Katholiken und Protestanten, rheinische Lebenslust und preußische Disziplin, Eigensinn und Gottesgnadentum. Oder, um es mit den Kabarettisten Jürgen Becker und Dr. Martin Stankowski auszudrücken: »Monarchie und Militarismus treffen auf das Biotop für Bekloppte.«

Später kommt es dann doch noch zu einer passablen Vernunftsehe und nach der Reichsgründung von 1871 fallen sich beide im patriotischen Jubel sogar in die Arme.

Gebert, Marko (2013): Festung und Stadt Köln. Das Ende eines Bollwerks 1919–1930. LIT Verlag. Dr. W. Hopf. Berlin

Neuere Untersuchungen werfen ein differenziertes Bild auf die gemeinsame Geschichte und die gegenseitige Einflussnahme von Preußen und Rheinländern als es die oft klischeehaften Vorstellungen zulassen. So werden sichtbare Spuren preußischer Orte, Gebäude oder kulturelle Zusammenhänge im Rheinland häufig als solche gar nicht wahrgenommen.

Im Hörfunkprogramm von **Deutschlandfunk Kultur** gibt es in der Rubrik »lange Nacht« den hörenswerten Beitrag: Danke, Berlin! Rüdiger Heimlich geht in dieser Sendung den Spuren nach, die Preußen im Rheinland hinterlassen haben, so unter anderem die Kölner Domvollendung. Zeitzeugen wie Otto von Bismarck, Theodor Fontane, Heinrich Heine, Karl Marx, Kurt Tucholsky, Clara Viebig erzählen, wie nach 1815 zwei Lebensauffassungen aufeinanderstoßen.

Nachzuhören in der **Mediathek des Dlf Kultur:**

Die Lange Nacht der Preußen im Rheinland - Danke, Berlin! (www.deutschlandfunkkultur.de)

In Köln sorgen die Preußen 1822 dafür, dass das rechtsrheinische Deutz und das linksrheinische Köln nach rund 900 Jahren wieder durch eine Brücke miteinander verbunden werden. Die Deutzer Schiffbrücke ist circa 400 Meter lang und besteht aus 42 Nachen. Sie ermöglicht den Kölnern, trockenen Fußes auf die »Schäl Sick« zu pilgern und den Deutzer, die linksrheinische Metropole zu besuchen, ohne Fährkosten bezahlen zu müssen. Ein Jahr später gibt es ein weiteres Highlight: Der Kölner Karneval erfährt 1823 unter preußischer Mitwirkung seine Wiederbelebung; auch wenn der Preußenkönig Friedrich Wilhelm III. (1770-1840) den Karneval als »anomalische, in polizeilicher Hinsicht bedenkliche Volkslustbarkeit« geißelt.[7] Den größten Coup aber landen die Preußen 1880

Schiffsbrücke Deutz (um 1900)

Kürassiere

Kaiser Wilhelm I.

mit der Domvollendung. Der preußische König Friedrich Wilhelm IV. (1795-1861) ist ein großer Befürworter und bedeutender Unterstützer des Weiterbaus und der Fertigstellung. Der Grundstein der Kathedrale wird bekanntlich vom Erzbischof Konrad von Hochstaden (1200-1261) bereits 1248 gelegt. Aufgrund von Geldmangel und Desinteresse werden 1560 die Bauarbeiten eingestellt und erst im 19. Jahrhundert im Zuge der Romantik und des neuerlichen Interesses an der Gotik wieder aufgenommen. Nach über 600 Jahren konnte so der Kölner Dom am 15. Oktober zum zweiten Mal feierlich eingeweiht werden.

Das Internetportal »**Preußen im Rheinland**«, eine gemeinsame Produktion von Rheinischem Verein für Denkmalpflege und Landschaftsschutz, LVR-Institut für Landeskunde und Regionalgeschichte sowie LVR-Niederrheinmuseum, lädt dazu ein, eine spannende, oft auch überraschende Beziehungsgeschichte kennenzulernen:

Preußen im Rheinland (preussen-im-rheinland.de)

Die Industrialisierung verändert das Deutzer Stadtbild

1864 erobert eine Erfindung die Welt. Nikolaus August Otto (1832-1891) und Eugen Langen (1833-1895) – von Haus aus Zuckerfabrikant und Erfinder der Schwebebahn – gründen eine Motorenfabrik, die zum Meilenstein in der Industriegeschichte wird. Nach einer Präsentation des damals noch atmosphärischen Motors auf der Pariser Weltausstellung 1867 und der expandierenden Auftragslage wird der Grundstein für den Bau einer neuen Fabrikationsstätte in Deutz gelegt. Ab 1877 wird hier »Ottos neuer Motor« produziert und die ersten Verbrennungsmotoren in Serienanfertigung vertrieben. Die Bedeutung der von Otto & Cie. gegründete Motorenfabrik wird nicht nur in Industriekreisen gewürdigt.

Ottos bahnbrechende Erfindung und der weltweite Vertrieb seiner Motoren stehen stellvertretend für die in ganz Deutschland aufsteigende Industrialisierung, welche Mitte des 19. Jahrhunderts auch das Rheinland, Köln und insbesondere die Städte Deutz, Mülheim und Kalk erfasst. Während sich die Wirtschaft in Deutz auf den Motorenbau konzentriert, stehen in Mülheim der Kabel- und Drahtseilbau im Mittelpunkt (unter anderem Felten & Guilleaume) und in Kalk die Fabrikation chemischer Erzeugnisse (Chemische Fabrik Vorster & Grüneberg). Einer der bedeutendsten Industriestandorte wird die Rheinuferzone zwischen Deutz und Mülheim. Hier zieht es nicht nur die Otto-Motorenfabrik hin. Bereits 1845 wird auf der Deutz-Mülheimer-Straße die Waggonfabrik Zypen & Charlier gegründet.[8]

Von Deutz ist die Motorisierung der Welt ausgegangen!
Zur Historie der Motorenherstellung in Köln

1864 gründen N.A. Otto und Eugen Langen die Motorenfabrik N.A. Otto & Compagnie.

1872 wird das Unternehmen in Gasmotoren-Fabrik Deutz AG umgewandelt.

1921 wird eine Interessensgemeinschaft mit der Motorenfabrik Oberursel gebildet. Das Unternehmen nennt sich nun Motorenfabrik Deutz, Humboldt-Deutz Motoren.

1938 entsteht durch einen Interessensgemeinschafts-Vertrag mit der Klöckner-Werke AG in Duisburg die Klöckner-Humboldt-Deutz AG (KHD).

1997 erfolgt die Namensänderung in Deutz AG. Sie ist heute ein börsennotiertes Unternehmen.

Interview zur Deutzer Industriekultur, Architekturhistorie und natürlich zur Geschichte der DEUTZ-Motoren mit **Professor Dr. Walter Buschmann** (Landesdenkmalpfleger und ehem. Hochschullehrer).

Im Jahr 1888 hat das Tauziehen um Deutz ein Ende: Die Stadt Köln setzt erstmals ihren Fuß auf das rechte Rheinufer. Deutz gibt seine Selbstständigkeit auf und vertraut nun die Geschicke seinem alten Widersacher an. Die Überlegungen, die selbstständigen rechtsrheinischen Gemeinden (insbesondere Deutz, Mülheim und Kalk) zu einer eigenen Stadt »Trutz-Köln« zusammenzulegen, bleiben nur eine Idee.

Mit der Eingemeindung und der wachsenden Industrieansiedlung in Deutz verändert sich auch dessen Infrastruktur nachhaltig. Es gibt gravierende Einschnitte in der städtebaulichen Entwicklung: Wohngebiete werden zu Industrieanlagen, ganze Straßenzüge in Fabrikgelände umgewandelt und – die Eisenbahn kommt. Der preußischen Administration bleibt das riesige industrielle Potenzial nicht verborgen, weshalb sie großes Interesse daran hat, den hiesigen Wirtschaftsstandort mit den Stammlanden sowie den norddeutschen Seehäfen zu verbinden. Zu diesem Zweck bauen die Preußen das Schienennetz in Köln sowohl links- wie rechtsrheinisch massiv aus. Mit der beschaulichen Deutzer Rheinpromenade, seinen Cafés, Hotels und Restaurants sowie der schönen Aussicht auf die Altstadt Kölns ist

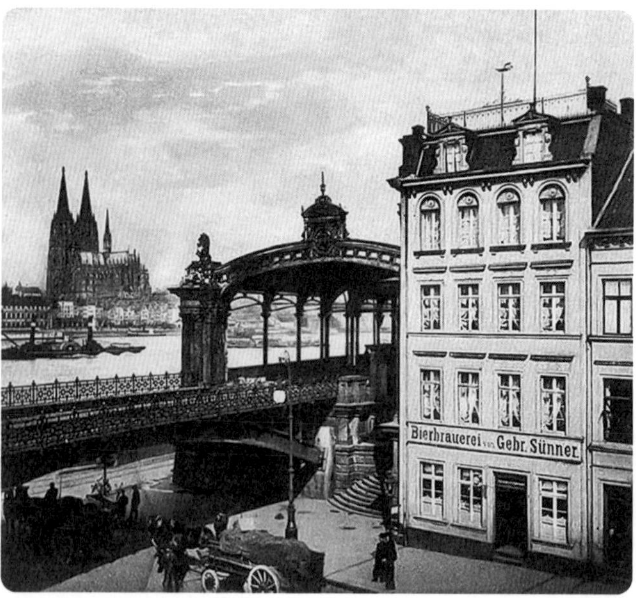

Sünner Brauerei und Bahnhof Bellevue

Dombrücke (Muusfall)

es erst einmal vorbei. Von Norden kommend führt die Eisenbahnstrecke direkt am Rheinufer entlang und schneidet ganz Alt-Deutz vom Fluss ab. Die Deutzer Idylle ist gründlich zerstört: Bahndämme und stählerne Straßenübergänge ersetzen das vormals mit Leben erfüllte Ufergelände. Ein Artikel in der »Kölnischen Zeitung« vom 23. April 1899 schildert den »Eisenbahnjammer« in Deutz wie folgt: »Was ist aus unserem schönen Deutz geworden! Einst ein blühendes Städtchen am Rheinufer mit drei unwiderstehlichen Anziehungspunkten für die Kölner von drüben und für unsere rechtsrheinische Umgebung: Marienbildchen, Hotel Prinz Carl und Deutzer Kirmes (...) sind verschwunden und uns arme Deutzer hat man durch einen garstigen Eisenbahndamm vom Rhein getrennt.«[9]

Die beiden größten Eisenbahngesellschaften in Deutz sind die Bergisch Märkische (BME) und die Cöln Mindener Eisenbahn (CME). Alle Bahn-Gesellschaften konkurrieren miteinander und lassen die jeweils andere das eigene Schienennetz nicht mitbenutzen. Die Gesellschaften betreiben zwischenzeitlich vier Kopfbahnhöfe in Deutz, zwei davon auf dem sogenannten Deutzer Feld (das noch heute als Rangier- und

Abstellbahnhof, aber auch für gigantische Bauprojekte genutzt wird). Nach der Verstaatlichung aller privaten Eisenbahngesellschaften durch die Preußen werden die rechtsrheinischen Eisenbahnlinien bis 1913 sukzessive zunächst durch die Dombrücke (von den Kölnern wegen ihres kastenförmigen Aussehens »Muusfall«, Mausefalle genannt) und später über die Hohenzollernbrücke und den neuen Deutzer Bahnhof mit dem linksrheinischen Schienennetz verbunden.

Der **Verein Rheinische Industriekultur** sowie der **Förderverein Rheinische Industriekultur** bieten weiterführende Literatur sowie interessante Führungen und Ausstellungen in Köln an:

Rheinische Industriekultur (rheinische-industriekultur.com)

Deutzer Hafen (1912)

Deutz im 20. Jahrhundert

Anfang des 20. Jahrhunderts bereitet die Deutzer Umwallung durch den preußischen Staat erhebliche städtebauliche Probleme. Die Bevölkerung wächst, es fehlt an Raum und der Festungswall bietet aufgrund neuer Waffentechnologien ohnehin keinen Schutz mehr. So wird der Entschluss zur Schleifung der Anlagen gefasst und von der Deutzer Bevölkerung ausdrücklich begrüßt. Am 14. Dezember 1907 erfolgt die erste Sprengung. Das Ereignis wird gefeiert als Symbol für eine neue Zukunft von Deutz. Oberbürgermeister Max Wallraf (1859-1941) hält an diesem Tag eine Festrede.[10]

Im selben Jahr wird der *Deutzer Hafen* durch den Umbau des alten Rheinarms »Schnellert« angelegt. Er gliedert sich in zwei Becken und wird von einer elektrisch betriebenen Drehbrücke getrennt. Der eigentliche Hafen erstreckt sich im südlichen Becken und fungiert als Industriehafen.

1914 werden in Deutz fast 20.000 Einwohner gezählt. Der Rückbau der militärischen Anlagen schreitet voran. In der Deutzer Schulchronik von 1913 heißt es: »Die Kasematten sind fast verschwunden. Neue Straßenzüge werden auf dem Gelände der eingeebneten Umwallung angelegt (…) Gotenring und Justinianstraße werden als breite Ringstraßen neu geschaffen (…) zahlreiche Häuser gebaut.«[11] Am 11. November 1913 wird der neue Deutzer Bahnhof eröffnet. Er ersetzt die vier oben erwähnten Bahnhöfe der ehemals konkurrierenden Bahngesellschaften. Im Zentrum stehen ein aufwendiges Empfangsgebäude und ein ovaler Kuppelbau, der bis heute als eines der Wahrzeichen von Deutz gilt. Zwei Jahre später wird die Deutzer Hängebrücke feierlich eingeweiht. Ihr fallen große Teile der Altstadt Deutz zum Opfer. Bis heute zeugen die fehlenden Hausnummern am Anfang der Deutzer Freiheit davon. Die Schiffbrücke von 1822 wird aufgegeben. 1935 wird die Hängebrücke nach dem ein Jahr zuvor verstorbenen Reichspräsidenten Paul von Hindenburg (1847-1934) in Hindenburgbrücke umbenannt.

Frühjahrsmesse 1924

Die prosperierende Infrastruktur und der rege Wohnungsbau werden durch den Ausbruch des Ersten Weltkriegs jäh unterbrochen. Und nach Kriegsende ergeben sich durch die Bestimmungen des Versailler Vertrags völlig neue Konsequenzen bei der Stadtplanung. Das gesamte Rheinland wird entmilitarisiert. Der noch vorhandene äußere Befestigungsring in Köln und Deutz muss vollkommen geschleift werden. Das hat allerdings den Vorteil, dass in der Weimarer Republik viele Bauprojekte angegangen und umgesetzt werden können. Auch Deutz steht im Zeichen des Aufbruchs. Das Deutzer Ufer wird nach dem Abbruch der Eisenbahnanlagen und Bahndammteile neugestaltet. Auf Initiative des Kölner Oberbürgermeisters Konrad Adenauer (1876-1967) wird dort eine Messegesellschaft gegründet und die Umgestaltung der ehemaligen Kürassier-Kasernen durch den Architekten Adolf Abel (1882-1968) veranlasst. Die ersten drei Messehallen (vom Volksmund liebevoll-despektierlich »Adenauers Pferdeställe« genannt) werden 1923 fertiggestellt, sodass am 11. Mai 1924 die alte Kölner Messetradition wieder aufgenommen werden kann. Um das Messegelände herum entstehen sehenswürdige Parkanlagen und Rheinpromenaden. Zur internationalen Presseausstellung (Pressa) 1928 werden die Messeanlagen erheblich vergrößert, das neu errichtete und bis heute existierende Staatenhaus als Präsentationsbau für die teilnehmenden Staaten genutzt. Der gesamte Messe-Baukomplex erhält einen roten Klinkermantel und einen 85 Meter hohen Messeturm.

Es gibt nur noch wenige Zeitzeugen, die über das »alte« Deutz berichten können. Einer davon ist der 1931 geborene und zeitlebens in Deutz wohnhafte Elektromeister Johannes Bodewig. Seine in Interviews[12] zusammengefassten authentischen Schilderungen und liebevollen Erinnerungen über Düx lassen vergangene Zeiten wieder lebendig werden.

Johannes Bodewig:

Mein ganzes Leben habe ich hier in diesem Haus (Gotenring 4) verbracht. Der Gotenring wurde ab 1912 breit angelegt und alle noch heute erhaltenen Bäume wurden damals gepflanzt. Früher (vor dem Krieg) gab es in Deutz noch wesentlich mehr Grünflächen und Gärten. Ich erinnere mich noch gut an den Rosengarten, dort wo heute die Lanxess Arena steht. Mittendrin gab es ein wunderschönes Gasthaus mit einem großen Saal. Auf der Deutzer Freiheit wohnte Bauer Lessenich, der letzte Buur vun Düx. Über die Freiheit fuhren drei Straßenbahnlinien und Autos. Daneben waren schmale Fußgängerwege. Die Freiheit führte übrigens bis zum Bau der Deutzer Brücke vom Gotenring runter zum Rhein. Sie ging bis zu einer Kante, die sich auch heute noch (allerdings recht unscheinbar) als Vorsprung unter der Deutzer Brücke befindet. Das war die Rampe zur Schiffbrücke. Nördlich von der Brücke stand die Sünner-Brauerei. Nach dem Abriss des Bahnhofs der Cöln-Mindener-Eisenbahn entstanden dort zudem die Sünner-Terrassen und gegenüber der Heribert-Kirche gab es nach dem Krieg mit den Kastell-Lichtspielen auch ein Kino in Deutz.

Deutzer Bahnhof

Ab 1926 entsteht mit dem sogenannten Germanenviertel ein neues Wohnquartier in Deutz. Das Gebiet rund um die Alarich-, Sueven-, und Teutonenstraße wird bebaut und nach dem Zweiten Weltkrieg noch erweitert.

Johannes Bodewig:

Als das losging war ich ja Pimpf, also bis zwölf, dreizehn war man Pimpf, ab vierzehn gehörte man zur Hitlerjugend. Am Anfang hat man sich ja noch lustig gemacht. Zum Beispiel erinnere ich mich an die sogenannten Goldfasane. So nannten die, die nicht in der Partei waren die Nazis in ihren goldbraunen Uniformen. Die standen vor der Heribert-Kirche und haben alle aufgeschrieben, die reingingen. Hinterher kamen sie auf die Sünner-Terrassen und waren sich ein Kölsch am Schlucken. Als mein Vater einmal etwas vorlaut rief: »Ah, da sind ja die Goldfasane. Ihr habt vergessen, mich aufzuschreiben«, hat er das später zu spüren bekommen. Die Angst nahm zu und alles wurde gleichgeschaltet, auch die Vereine. Die Sankt Sebastianus Schützenbruderschaft, die gibt es bereits seit 1463, durfte nicht mehr so heißen und wurde in Schützengesellschaft unbenannt. Auch alle Sportvereine und Gesangvereine wurden gleichgeschaltet.

1933 beginnt in ganz Deutschland die nationalsozialistische Schreckensherrschaft, die mit dem Zweiten Weltkrieg (1939–1945) zunächst Europa und schließlich die ganze Welt ins Unglück stürzt. Mit dem NS-Regime ist unausweichlich auch das Schicksal jüdischer Mitbürger, ihre Verfolgung, Unterdrückung und Ermordung verknüpft.

Von den insgesamt 300 Lagerstätten in Köln gilt das in Köln-Deutz zwischen 1939 bis 1945 von den Nationalsozialisten als Sammel-, Auffang- und Gefangenenlager genutzte Messegelände als ein zentraler Ort der Unterdrückung durch die NS-Zwangsherrschaft. Das Messelager ist eine Außenstelle des KZ Buchenwald. Mit Kriegsbeginn dient es als Kriegsgefangenenlager, 1940 als Deportations- und Sammelstelle für Sinti und Roma, später als Ausgangspunkt für Judentransporte. Tausende Menschen leben hier zwangsweise unter menschenunwürdigen Bedingungen, aufgeteilt in Kategorien wie »Berufsverbrecher«, »Politische« oder

Mahnmal Deutzer Messe

»Homosexuelle«. Interniert sind sie wegen ihrer ethnischen Herkunft, ihres Glaubens, sexuellen Orientierung oder ihrer Weltanschauung. Über die Gleise »Deutz-Tief« des unmittelbar benachbarten Bahnhofs laufen ab Oktober 1941 umfangreiche Deportationen, vor allem in die Konzentrationslager Buchenwald und Theresienstadt.[13] Über zehntausend jüdische Bürger der Stadt Köln, die nicht mehr rechtzeitig fliehen können, werden bis auf ganz wenige Ausnahmen von Deutz aus in den Tod geschickt.

Johannes Bodewig:

Ich sag immer, Kinder haben Kesselohren. Da kam mal der Onkel Heinz zu Besuch, der war Major, das muss '44gewesen sein. Er hatte Fronturlaub und hat mit meiner Mutter gesprochen. Da hat er wörtlich gesagt, das hab' ich heute noch im Ohr: »Ich hab' da Sachen gehört, da soll et Konzentrationslager geben, wo Leichen … wo die Juden umgebracht werden. Wenn das stimmt, dann Gnade uns Gott!«

1945 beenden die alliierten Siegermächte den Krieg in Deutschland und Europa. Köln liegt in Schutt und Asche. Rund 80 Prozent der Innenstadt gelten als zerstört, darunter auch Deutz, das sich (wieder einmal) neu er-finden muss. Die Pläne für den Wiederaufbau werden aber nicht im Bürgermeisteramt auf der Deutzer Freiheit gemacht, sondern im Rathaus zu Köln. Eine der vordringlichen Aufgaben ist die Wiederherstellung einer funktionierenden Infrastruktur. Dazu werden die Rheinbrücken, darunter auch die Deutzer und Hohenzollernbrücke wieder instandgesetzt. Es kommt zu einer schrittweisen Normalisierung des Alltags. Auch die Industrie und Wirtschaft kommen wieder in Schwung. In den Rheinhallen findet 1947 die erste Nachkriegsmesse mit 450 Ausstellern und rund 60.000 Besuchern statt. Die Freiflächen des Rheinparks werden neu angelegt, samt eines neuen Brunnens (dem späteren Tanzbrunnen). Dorthin wird 1957 (und zum zweiten Mal 1971) zur Bundesgartenschau geladen. Die Verbesserung der Lebensbedingungen geht unerwartet zügig voran und mausert sich schließlich zu dem, was später als bundesrepublikanisches »Wirtschaftswunder« in die Geschichtsbücher eingehen soll.

Johannes Bodewig:

Nach dem Krieg ging's an Aufräumen. Die Dächer waren überall weg. Zu Kriegsbeginn hat man in Deutz nicht wie in Köln ganze Straßenzüge zerstört, sondern Häuser gezielt bombardiert. Dennoch blieb kein Haus unzerstört. Den Schutt hat man genommen, um damit zum Beispiel die ganze Mindener Straße höherzulegen. Die Deutzer Freiheit hat man auf der ursprünglichen Ebene belassen und eine Treppe gebaut, um zur Mindener Straße zu kommen. Man konnte also mit dem Auto nicht mehr in die Deutzer Freiheit reinfahren, was natürlich viele geärgert hat.

Deutz war schon immer mehr Wohnviertel, Industrie gab es hier zwar auch, aber nicht so viel wie in Mülheim. Mülheim war einmal die reichste Stadt im Rheinland und selbstständig wie Deutz. Um sie einzugemeinden, hat die Stadt Köln 1914 Mülheim mit einer Brücke gelockt. Die erste Mülheimer Brücke wurde dann aber erst viel später (1929) gebaut. Deutz wurde bereits 1888 einverleibt.

Deutz wird 1975 im Rahmen der nordrheinwestfälischen Gebietsreform Innenstadtbezirk. Ein großer Strukturwandel beginnt, der genau genommen bis heute nicht abgeschlossen ist. Großprojekte wie das Lufthansa Hochhaus (später Lanxess-Tower), die Fachhochschule (heute Technische Hochschule), das Stadthaus und die Kölnarena (seit 2008 Lanxess-Arena) werden noch im vorigen Jahrtausend umgesetzt. Nach dem Millennium kommen Rheinboulevard, Freitreppe und der Triangle-Tower hinzu. Der Deutzer Bahnhof wird zum ICE-Terminal und die Messegesellschaft Koelnmesse GmbH baut neue Ausstellungshallen. In die von Grund auf restaurierten Rheinhallen zieht die RTL-Group mit privaten Fernsehsendern ein, und der Versicherungskonzern HDI verlegt seinen Hauptsitz ebenfalls dorthin.

An dieser Stelle endet der historische Streifzug durch Deutz und findet im zweiten Kapitel und in der Gegenwart seine Fortsetzung. In einer Art Entdeckungstour werden dort stadtteilspezifische Orte, Gebäude und Räume (offensichtliche und verborgene) vorgestellt, die das heutige Deutz repräsentieren.

Zuvor wagen wir aber noch ein kontrafaktisches Gedankenspiel: Was wäre eigentlich gewesen, wenn es keine Eingemeindung gegeben hätte und Deutz wäre eine eigenständige Stadt geblieben? Begeben wir uns einmal kurz in die Vergangenheit und konstruieren Geschichte anders.

Martin Stankowski (Kölner Publizist, Geschichtenerzähler, Fremdenführer und Kabarettist) lädt dazu ein, aus einem fiktiven Gestern neu aufs Heute zu schauen.

Von wegen Schäl Sick – YouTube

02

DURCHWEG OFFEN SICHTLICH

DURCHWEG OFFEN SICHTLICH

Entdeckungstour durch Deutz

Deutz ist ein Ort, der aufgrund seiner wechselvollen Geschichte, unterschiedlicher Machtinteressen, städtebaulicher Planungen und mancher verwegener Reißbrettentscheidung bis heute vielen Anpassungs- und Veränderungsprozessen ausgesetzt ist. Das verlangt diesem Stadtteil ein hohes Maß an Flexibilität ab und birgt gleichzeitig die Gefahr, als Experimentierraum ge- und benutzt zu werden. So ist mitunter die Frage erlaubt: Verortet die Stadt all das, was nicht zum ursprünglichen Köln passt ins Rechtsrheinische oder wird Deutz als Teil des Innenstadtbezirks in bauliche und infrastrukturelle Maßnahmen bewusst mit einbezogen? Durch die Integration der »Schäl Sick« jedenfalls wird der alte Kölner Horizont verschoben. Bereits Anfang des letzten Jahrhunderts hat der damalige Oberbürgermeister Konrad Adenauer gesamtstädtische Funktionsbereiche nach

Deutz verlagert. Die Kölner Messe zum Beispiel. Sie ist heute untrennbar mit Deutz verbunden und damit – anders als in anderen Großstädten – inmitten der Stadt verortet. Wesentlich später kommen weitere zentrale politische, wirtschaftliche und kulturelle Einheiten hinzu: ehemaliges Lufthansa-Hochhaus, Hyatt-Hotel, Technisches Rathaus, Fachhochschule, RTL-Group et cetera.

Neben den funktionalen Institutionen haben sich auch verschiedene Attraktionen in Deutz etabliert: Rheinpark, Tanzbrunnen, Historischer Park, Rheinpromenade, Lanxess-Arena, Triangle Hochhaus und vieles andere mehr. Damit wird Deutz ein eigener, selbstbewusster städtischer Auftritt ermöglicht. Darüber hinaus ist zu erwarten, dass weitere erfolgreich abgeschlossene Maßnahmen des Strukturwandels, zum Beispiel im Deutzer Hafen, die ursprünglich abwertende Bezeichnung »Schäl Sick« zu einem positiv besetzten Markenzeichen entwickeln werden.[1]

Ballungsräume haben immer auch ihre Grauzonen. Deren schillernde Orte und Momente befinden sich oftmals abseits vom Glanz durchgestylter Stadträume. Die nachfolgende Erkundungstour durch Deutz illustriert deshalb sowohl das eine wie das andere und spiegelt die Gegenwart dieses alten Kölner Stadtteils wider. Dabei wird der Betrachter und Leser feststellen, dass Deutz mit architektonischen Höhepunkten zu glänzen vermag und gleichzeitig mit städtebaulichen Verwerfungen irritiert. Deutz hat interessante und sehenswerte Seiten und solche, die (g)rau und unwirtlich daherkommen.

Der Ort erinnert manchmal an ein Mosaik, dessen einzelne Teile nicht zueinander passen, die aber gerade in ihrer Unterschiedlichkeit belassen, ein faszinierendes Ganzes ergeben. Deutz ist historisch, modern, schräg, unfertig, authentisch, widersprüchlich. All das macht diesen Stadtteil so vielversprechend, sehens- und lebenswert.

Über das Verhältnis zwischen Köln und Deutz beziehungsweise dem Rechtsrheinischen allgemein hat sich Martin Stankowski (Kölner Publizist, Geschichtenerzähler, Fremdenführer und Kabarettist) folgende Gedanken gemacht:

Deutzer Bahnhof

Licht und Schatten eines historischen Gebäudes

Eines der Wahrzeichen von Deutz ist der Deutzer Bahnhof, der heute unter dem Namen Bahnhof Köln Messe/Deutz firmiert. Dem Barock-Klassizismus nachempfunden und mit einer großzügigen Empfangshalle ausgestattet, prägt das Gebäude bis heute das Bild des 1888 eingemeindeten Stadtteils.

Bevor der heutige Deutzer Bahnhof allerdings im wahrsten Sinne des Wortes zum Zug kommt, gibt es ab Mitte des 19. Jahrhunderts mehrere Vorgängerbauwerke an unterschiedlichen Standorten, zum Beispiel auf dem Deutzer Feld und am Rheinufer. Der Name »Deutzer Feld« geht später auf den weiter östlich gelegenen Rangier- und Abstellbahnhof Köln-Deutzerfeld über.

Deutzer Bahnhof

Die Betreiber der Bahnhöfe sind private Eisenbahn-Gesellschaften. Unter ihnen die größten: Cöln- Mindener-, Bergisch-Märkische- und Rheinische Eisenbahn-Gesellschaft. Sie verbinden das Rheinland, Ruhrgebiet und große Teile des heutigen Nordrhein-Westfalens. 1879 werden die miteinander konkurrierenden Eisenbahn-Gesellschaften verstaatlicht und von der preußischen Staatseisenbahn übernommen. Überlegungen für einen Deutzer Hauptbahnhof nehmen konkrete Formen an. Zuständig für die Planung ist der Regierungsbaumeister bei der Eisenbahndirektion Köln, Hugo Röttcher (1878-1942) Er gestaltet auch die Entwürfe für das zukünftige Bahnhofsgebäude. Hierbei hat Röttcher Formen der französischen Barockschlösser vor Augen. So gestaltet er das Bahnhofs-Empfangsgebäude mit zwei vorspringenden Flügelbauten und einem ovalen Kuppelbau, verziert mit reicher Ornamentik, die an den Barock-Klassizismus erinnern.

Am 11. November 1913 wird der Deutzer Bahnhof feierlich eröffnet und ersetzt nach und nach die Personen-Bahnhöfe der ehemals privaten Gesellschaften. Auch deren Strecken werden an den Deutzer Hauptbahnhof angebunden, welche über die ehemalige Dombrücke (im Volksmund »Muusfall« genannt) eine Verbindung mit dem linksrheinischen Central-Bahnhof herstellen.

Das Gebäude ist als sogenannter Turmbahnhof konzipiert. Die Bezeichnung meint allerdings nicht den hohen Mittelbau des Empfangsgebäudes, sondern die sich in zwei Etagen kreuzenden Gleisstränge »Deutz Tief«, welcher die Nord-Süd-Achse verbindet und »Deutz Hoch« für die Ost-West-Tangente.

Im Nationalsozialismus ist Deutz-Tief Ausgangspunkt für die Deportation von über 10.000 in Köln lebender Juden, Sinti und Roma, Homosexueller und politischer Gegner in die Vernichtungslager im Osten. Eine Außenstelle des KZ Buchenwald befindet sich auf dem daneben liegenden Messegelände. Im Oktober 1941 fahren die ersten Deportationszüge nach Buchenwald, im Oktober 1944 der letzte ins KZ Theresienstadt. Eine erst 1993 am Aufgang zum Bahnhof Deutz-Tief befestigte Gedenktafel und das im Fußweg eingelassene Mahnmal »Nie wieder« erinnern an die grauenvollen Verbrechen.

Nach dem Zweiten Weltkrieg wird der Bahnhof in den Jahren 1956 bis 1959 nach alten Plänen wieder aufgebaut sowie die Gleisanlagen wiederhergestellt. Deutz-Tief dient nun dem Auto-Reise-Zugverkehr. Außerdem kommen hier Anfang der 1960er Jahre die ersten Sonderzüge mit sogenannten Gastarbeitern an. Die Arbeitsmigranten stammen unter anderem aus Italien, Spanien, Griechenland und der Türkei. Im September 1964 wird am Deutzer Bahnhof der millionste »Gastarbeiter« in der Bundesrepublik Deutschland begrüßt. Der »große Bahnhof« gilt dem 38-jährigen Portugiesen und gelernten Zimmermann Armando Rodrigues de Sá. Zur Begrüßung bekommt der Zuwanderer ein Moped und einen Strauß Nelken geschenkt. Dieser Moment ist auf einer kleinen Erinnerungstafel am Bahnhofsvorplatz festgehalten.

Seit rund 20 Jahren ist der Deutzer Bahnhof ein wichtiges logistisches Eisenbahn-Drehkreuz mit zehn Bahnsteiggleisen, denn in den 1990er Jahren beschließt der Rat der Stadt Köln zusammen mit der Deutschen Bahn AG den Deutzer Bahnhof in mehreren Schritten zum ICE-Terminal auszubauen. Nach der Anpassung und Modernisierung der beiden Tiefbahnsteige wird die Erweiterung auf drei bis vier ICE-Bahnsteige in Erwägung gezogen. Mit dem Neubau der ICE-Strecke Köln-Frankfurt erlangt der Deutzer Bahnhof eine neue Funktion. Er wird aufgrund seiner Fern- und

Erinnerungstafel

Schnellverbindungen nach dem Kölner Hauptbahnhof die wichtigste Bahnstation der Domstadt.

Deutsche Bahn, Stadt Köln und die Messegesellschaft haben daraufhin im Jahr 2000 große Pläne für den Bahnhof Deutz: Neben dem denkmalgeschützten Bahnhofsgebäude sollen ein 120 mal 120 Meter großes Glasdach über und ein Einkaufszentrum mit breitem Durchgang zur Messe unter den Gleisen die begonnene Modernisierung komplettieren. Darüber hinaus planen die Architekten einen neuen Haupteingang zu den Messehallen sowie fünf, bis zu 150 Meter hohe Bürotürme. Das sorgt allerdings für einen heftigen Streit mit der UNESCO über den Welterbe-Status des Doms. Schlussendlich müssen die großen Pläne zugunsten des Weltkulturerbes eingestampft werden, woraufhin auch die 1,2-Milliarden-Mark-Pläne für den Bahnhof gestoppt werden. Die Idee, den Fernverkehr stärker über den Deutzer Bahnhof zu führen, ist damit auch zunichtegemacht. Und so passiert für einige Jahre nichts am und mit dem Deutzer Bahnhof. Lediglich die Namensänderung im Jahr 2004 ist noch eine Schlagzeile wert: Auf Betreiben der Koelnmesse GmbH wird der Deutzer Bahnhof in Bahnhof Köln Messe/Deutz umbenannt.

Als das Gebäude einige Jahre später wegen seines maroden Zustands die Auszeichnung »Saure Zitrone« erhält – ein Preis, der vom Kölner Verkehrsverein für besonders misslungene Bauten in der Stadt vergeben wird – kommt wieder Bewegung in die Sache. In den Jahren 2009 und 2010 wird der Kuppelbau renoviert und in seiner Konstruktion durch die Herausnahme von Zwischendecken sichtbar gemacht. Auch der weitgehend ursprüngliche Zustand der Gänge und Flure des Deutzer Bahnhofs wird rekonstruiert. Der große Wurf ist es nicht, aber Köln mangelte es noch nie an Visionen. So kommen immer mal wieder neue Ideen auf den Tisch.

2015 wird zum Beispiel darüber nachgedacht, wie man die beiden wichtigsten Bahnhöfe Kölns (Hauptbahnhof und Köln/Messe-Deutz) zu einem leistungsfähigen zentralen Bahnhofssystem verbinden kann. Die zum wiederholten Mal ins Spiel gebrachte Seilbahn-Lösung wird recht rasch wieder verworfen. Daraufhin ziehen der Bauingenieur Stefan Polónyi (1930-2021) und seine Kollegen Marco Hemmerling und Philipp Meise im Jahr 2018 einen 15 Jahre alten Plan aus der Schublade und überarbeiten ihn. Sie schlagen eine überdachte Verbindung über die Brücke mit drei Laufbändern (ähnlich wie an Flughäfen) vor. Das Projekt trägt

Otto-Denkmal

den Arbeitstitel »Walkway Cologne Central«. Der Walkway soll nicht bloß die beiden Terminals verbinden, sondern auch die Zugänge zum Rheinboulevard und zum alten Messegebäude.

Ein anderer Vorschlag ist noch visionärer: Ein neuer Kölner Hauptbahnhof soll entstehen und die Gleise in einem Tunnel unter dem Rhein verschwinden, um so auf der Hohenzollernbrücke nach dem Vorbild der New Yorker »High Line« eine grüne Oase für Fußgänger und Radfahrer zu schaffen. Auch wenn die vom Kölner Architekten Paul Böhm stammende Konzeptidee überambitioniert sein mag, sie weist in eine Zukunft, die das Gebot der Stunde zu sein scheint: Innerstädtische Landschaften dadurch aufzuwerten, dass sie nicht mehr vor allem vom Verkehr abhängig sind und Mobilität neu definiert wird.

Interessanterweise geht von Köln vor rund 150 Jahren schon einmal, wenn auch unter anderen Vorzeichen, eine Mobilitätswende aus, deren Anfänge ebenfalls für utopisch gehalten werden: Das Automobil ersetzt die Pferdekutsche und die Grundlage hierfür legt der Kölner Kaufmann und Erfinder Nicolaus August Otto (1832–1891). Otto und der Ingenieur und spätere Zuckerfabrikant Eugen Langen (1833-1895) tüfteln im Jahr 1864 an einer Idee, die die Welt verändern wird. Sie schaffen eine Maschine zum Antrieb von Fahrzeugen und für den Einsatz in Industriebetrieben. Es gelingt ihnen aber weitaus mehr. Mit der Entwicklung des Viertaktmotors im Jahr 1876 begründet Otto die Motorisierung der Welt von Köln-Deutz aus und verändert damit das Leben der Menschen nachhaltig. Eugen Langen ist darüber hinaus als Erfinder der Schwebebahn in die Geschichtsbücher eingegangen. Seine ursprüngliche Konstruktion, wenn auch mittlerweile mehrfach modernisiert, ist noch heute in Wuppertal zu bestaunen.

Zur Erinnerung an den Pioniergeist, die Innovationskraft und Risikobereitschaft werden die beiden Erfinder 1931 mit einem Denkmal vor dem Deutzer Bahnhof geehrt. Es besteht aus einer Steinsäule, die einen tonnenschweren, originalen atmosphärischen Gasmotor trägt. Der Bahnhofsvorplatz bekommt zudem den Namen von N.A. Otto.

Sven Tode, Marco Hölscher, Beate John (2014): Innovation Motor. Vier Takte bewegen die Welt: 150 Jahre Deutz AG. Greven Verlag Köln.

Anlässlich seines 130. Todestags hat der WDR1 Nikolaus August Otto ein hörenswertes **Zeit-Zeichen** gewidmet.

Im Jahr 2012 beginnen umfangreiche Umbaumaßnahmen am Ottoplatz und vier Jahre später erhält der Bahnhofsvorplatz den Deutschen Landschaftsarchitektur-Preis in der Kategorie »Landschaftsarchitektur im Detail«.

Deutzer Bahnhof, Bahnhofsvorplatz und das Otto-Langen-Denkmal bilden ein Gesamtensemble Rheinischer Industriekultur. Zur Eisenbahngeschichte und zum Kulturgut der Bahnhöfe gehören bis in die 1990er Jahre aber auch die zahlreichen Bahnhofsgaststätten, die allerdings im Zuge der Bahnreform und Streckenstilllegung vielerorts verschwunden sind. So vergehen auch im Deutzer Bahnhof etliche Jahre, bis 2016 jene Tradition der Bahnhofsgastronomie wieder aufgegriffen wird und ein kölsches Brauhaus seinen Betrieb dort aufnimmt. Das Interieur der Gaststätte besteht aus einem Mix aus Stahl, Backsteinmauerwerk mit Holz sowie Dingen aus dem Bahnhofsalltag wie Bilder, Uhren oder Koffer und verleiht dem Gasthaus einen modern-nostalgischen Charme.[2]

Wie eingangs erwähnt, ist der Deutzer Bahnhof prägend für das Bild dieses Stadtteils. Insofern ist er ein guter Startpunkt, um von hier aus Deutz kennenzulernen. Die Kombination von Historie und Moderne ist charakteristisch für den im 19. Jahrhundert eingemeindeten Kölner Stadtteil. In der hochindustriellen Phase gebaut, entwickelt sich der Bahnhof schließlich zum zeitgemäßen ICE-Terminal. Mit dem Bahnhof sind bis heute Visionen verbunden, werden große und kleine architektonische wie infrastrukturelle Pläne geschmiedet. Und last but not least: Man kann im, am und um den Bahnhof herum vortrefflich über Ästhetik und Funktionalität, über Gelungenes und Ärgerliches diskutieren und sich dabei auf eine Reise begeben, ohne Köln zu verlassen.

Standort: *Bahnhof Köln Messe/Deutz; Ottoplatz*

Haltestellen: *Deutz/Messe; Köln Messe/Deutz; Bf Deutz/Messeplatz*

Düxer Bock

Legende, Wahrzeichen und Starkbier

Als Zeichen für Kunst im öffentlichen Raum schaut an der Ecke Lorenzstraße/Gotenring ein Ziegenbock von einer Säule herab. Hierbei handelt es sich nicht – wie irrtümlicherweise oft angenommen – um das Maskottchen des 1. FC Köln, den *Hennes,* benannt nach dem legendären Fußballlehrer Hennes Weisweiler. Das 1963 vom Bildhauer Gerhard Marcks (1889-1981) gestaltete und den Deutzer Schützen und Karnevalisten gewidmete Symboltier erinnert an eine Deutzer Legende. Diese gibt es in verschiedenen Überlieferungen. Eine der wohl gängigsten ist folgende:

Auf der Siegburger Straße gerieten ein verarmter, fleißiger Schneider und dessen Nachbar, ein reicher, aber betrügerischer Steuereinnehmer, aneinander. Auslöser des Streits waren zwitschernde Vögel, mit deren Züchtung der Schneider sein karges Einkommen aufbesserte. Die Vögel saßen in kleinen Käfigen über seinen Fenstern. Der benachbarte Steuerbeamte sah sich durch das Gezwitscher ungemein gestört, wollte er doch – nicht selten verkatert – morgens gerne länger schlafen. Zornig schimpfte er mit dem Schneider. Doch alle Drohungen nutzten nichts. Daraufhin verklagte der Beamte den Schneider, unterlag aber vor Gericht, weil der pfiffige Schneider nachweisen konnte, dass in Köln viele vornehme Familien (unter anderem auch der zuständе Richter selbst) Singvögel vor ihren Straßenfenstern hielten. Da hatte der Schneider die Lacher auf seiner Seite und wurde freigesprochen. Der Steuereinnehmer tobte, dachte sich hiernach aber eine List aus. Er hängte über seinem Fenster einen großen Vogelkäfig auf, in dem er einen Geißbock einsperrte. Das Tier wurde kaum gefüttert, woraufhin sein lautes Meckern über die ganze Straße tönte. Die Rechnung ging auf: Die Nachbarn amüsierten sich köstlich über die gelungene Vergeltung des Steuereinnehmers. Den Schneider aber verspotteten sie und riefen ihm lauthals nach: »Schneidermeckmeckmeck«. Als der Ziegenbock nach zwei Wochen verendete, atmete der Schneider erleichtert auf. Doch der Spuk ging weiter. Der reiche Steuereinnehmer ließ einen aus schwarzem Stein gemeißelten Bock anfertigen und diesen über seiner Haustür anbringen. Entnervt bot der Schneider an, auf seine Singvögel zu verzichten, wenn im Gegenzug der Bock entfernt würde. Der Steuerbeamte winkte ab, der Bock blieb. Nachdem Hohn und Spott nicht enden wollten, packten der arme Schneider und seine Familie schließlich ihre Sachen und zogen fort.

Vorhang zu!

Vorhang auf zum zweiten Akt!

Gertrud, die Tochter des Schneiders, und Fritz, der Sohn des Steuereinnehmers, hatten sich schon zu Lebzeiten der Eltern ineinander verliebt. Das musste aber aufgrund der Feindschaft zwischen den beiden Familien streng geheim bleiben. Als der Schneider mit seinen Angehörigen wegzog, glaubten Gertrud und Fritz einander verloren zu haben. Nach dem Tod der Kontrahenten kehrte Gertrud jedoch heimlich nach Köln zurück. Inzwischen hatte sich außerdem herausgestellt, dass der Steuereinnehmer bei seinem ausschweifenden Lebenswandel Gelder veruntreut hatte. Die Stadt Deutz beschlagnahmte daraufhin sein Hab und Gut, sein Haus kam unter den Hammer. Bei der Versteigerung des Hauses gab Gertrud das höchste Angebot ab, ohne ihre Identität preiszugeben. Als der Kauf getätigt war, lüftete sie den Geheimnisschleier und gab sich Fritz zu erkennen. Sie erzählte ihm, dass es der Familie nach dem Wegzug anfangs sehr schlecht gegangen sei, sie aber durch eine überraschende Erbschaft reich geworden waren. Wenig später heirateten Fritz und Gertrud und zogen in ihre neue gemeinsame Bleibe, dem ehemaligen Haus des Steuereinnehmers. Zur Erinnerung an die frühere Familienfehde, blieb der Bock über der Tür hängen und wurde so zur Hommage an eine alte Liebesgeschichte.[2]

Die Legende des Düxer Bocks hat eine lange Tradition in Deutz. Es wird davon berichtet, dass bereits im Mittelalter die Kölner und Deutzer Schneidergesellen nach bestandener Prüfung die Pflicht haben, den steinernen Bock zu küssen und ihn unter Hutschwenken dreimal hochleben

Düxer Bock

zu lassen.[3] Außerdem wird 1583 ein Haus auf der Siegburger Straße mit dem Namen »Im Bock« erwähnt, das später »Das Haus mit dem Bocksbild« heißt. An Festtagen hängt an dem Haus eine eigens kreierte Bockfahne am Giebel. Die Fahne überlebt und befindet sich heute im Kölnischen Stadtmuseum. Das Haus wird 1938 jedoch wie viele andere wegen einer neuen Rampe für die Deutzer Brücke (später Hindenburgbrücke) eingeebnet. Anlässlich des 500-jährigen Bestehens der St.-Sebastian-Schützenbruderschaft wird die Stadt Köln an ihr Versprechen erinnert, ein Denkmal für den Düxer Bock in Deutz aufzustellen. Da es den Originalschauplatz nicht mehr gibt, wird nach langen Überlegungen entschieden, die von Gerhard Marcks erschaffene Skulptur auf dem Lorenzplätzchen zu installieren.[4]

Die Geschichte vom Deutzer Bock wurde vielfältig bearbeitet. Es gibt Karnevalslieder, Gedichte, Theateraufführungen, sogar eine Operette und eine Volksoper. Der Stoff der Story bietet sich nun mal auch förmlich dazu an. Weltbekannte Vorläuferpaare wie Romeo und Julia stehen Pate. So ist die Geschichte vom Düxer Bock quasi »Weltliteratur op Kölsch« (die Kölner lieben Superlative). Wesentlicher Unterschied: Für Fritz und Gertrud gibt es ein Happy End!

Inzwischen hat auch ein Brauhaus die Erzählung für sich entdeckt und das inoffizielle Deutzer Wappentier zur Marke gemacht. Unter dem Namen: »Düxer Bock« stellt eine Kölner Brauerei Bockbier her und erweitert damit die kölnische Biervielfalt und Geschmacksvarianten.

Wer außerdem »Bock auf Garten« hat, kann es sich im Sommer auf dem Lorenzplatz in einer Sitzecke unter dem Denkmal für ein paar Minuten oder Stunden gemütlich machen.

Den Begriff »Bockbützen« (hochdeutsch: den Bock küssen) kennen heute vermutlich nur noch ganz wenige. Er bedeutet: Schnaps trinken in Deutzer Gaststätten.

Standort: *Lorenzplatz*

Haltestellen: *Suevenstraße, Köln-Deutz*

Lanxess Tower

Aus alt mach neu

Das für die Lufthansa-Zentrale gebaute Hochhaus – direkt an der Deutzer Brücke – zählt nach seiner Fertigstellung 1969 nicht gerade zu den beliebtesten Gebäuden der Stadt. Als Einfallstor zu Deutz wirkt der wuchtige Stahlbetonkasten überdimensioniert in der sonst eher kleinteiligen Kölner Bebauung. Die Bauweise ist dem Zeitgeist geschuldet. In den siebziger Jahren drückt sich der fast ungebrochene Fortschrittsglaube in Betonästhetik aus. Man wähnt sich auf der Höhe der Zeit. Einzig die goldgedämpften Fenster und vielleicht noch das stolze Lufthansa-Emblem am Hochhaus, verleihen dem 95 Meter hohen Gebäude einen gewissen Charme. 1970 können über 1.000 Mitarbeitende der Lufthansa in den Gebäudekomplex einziehen. 1978 ist auch der Erweiterungsbau fertiggestellt. Die Zahl der Beschäftigten wächst auf rund 1.500.
Als prominenten Standort wählt die Lufthansa nicht nur den Platz mit dem schönsten Blick auf die Kölner Altstadt, sondern auch den geschichtsträchtigen Boden eines wichtigen Verkehrsweges der Römer im 4. Jahrhundert, das Deutzer Kastell. Bis auf wenige Ruinen des Osttors werden mit einer Fläche von rund 30.000 Quadratmetern alle Reste der Anlage überbaut. Die Ausgrabungen vor Baubeginn bringen den Mitarbeitenden des Römisch-Germanischen-Museums zusätzliche Erkenntnisse über das römische Kastell. Die Deutzer blicken hingegen – während das Hochhaus Gestalt annimmt – wehmütig an die Zeit zurück, als an gleicher Stelle das beliebte Gasthaus »Marienbildchen«, später das Hotel »Bellvue« sowie die Terrassen der »Sünner-Brauerei« standen.
Das Hochhaus dient insgesamt 37 Jahre lang der Lufthansa als Hauptverwaltungsgebäude ohne größeres Aufsehen. Einzige Ausnahme: Am 28. Oktober 1986 (knapp zehn Jahre nach der Terrorwelle im sogenannten Deutschen Herbst) wird ein Bombenanschlag auf das Lufthansa-Gebäude verübt. Ein Sprengsatz reißt ein kleines Loch in die Stahlbetonwand und

ein Dutzend Fenster zerbersten. Aus einem Bekennerschreiben geht hervor, dass die »Revolutionären Zellen« (RZ) für den Anschlag verantwortlich sind. Die Wut richtet sich insbesondere gegen Condor, die damalige Chartertochter der Lufthansa. »Sie transportiere (...) Männer (...) nach Bangkok sowie Manila" und schnappe sich damit „ihren Teil am internationalen Zuhälterprofit«. Die »Ware Frau«, klagen die bis heute unbekannten Schreiber, sei »Opfer der imperialistischen Politik der Profitmaximierung« (DER SPIEGEL vom 22.02.1988). Es entsteht zum Glück nur Sachschaden.

2007 verlässt die Lufthansa-Konzernzentrale das Gebäude und zieht zunächst innerhalb von Deutz um. Zehn Jahre später verlässt die Verwaltung der Fluggesellschaft die Stadt in Richtung Frankfurt/Main (ihren Hauptsitz hat die Lufthansa AG aber bis heute in Köln).

Das Hochhaus mit seinem angrenzenden querliegenden Bau – mittlerweile in die Jahre gekommen – bedarf dringend einer Sanierung. Der Abriss kommt nicht in Frage. 2008 beginnt eine gründliche Umbauplanung der inneren Gebäudestruktur. Hiernach wird die Immobilie an einen Investor verkauft. Der Komplex, inzwischen »maxCologne« genannt, wird komplett entkernt und mit einer transparenten Stahl-Glas-Fassade ausgestattet, welche dem Gebäudekomplex die vorherige Wuchtigkeit nimmt. Durch den Rückbau der Parkebenen schälen die Architekten zwei Hochpunkte aus der terrassierten Bauform heraus, zwischen denen der öffentlich begehbare Kennedyplatz (benannt nach dem 35. Präsidenten der Vereinigten Staaten von Amerika) entsteht. Außerdem werden durch den Teilabriss des Hochhauses archäologische Funde des Deutzer Kastells, der ersten Deutzer Pfarrkirche St. Urban sowie preußische Wehranlagen freigelegt.

Der revitalisierte Bürokomplex wird schließlich an die Lanxess AG vermietet, die ihre Konzernzentrale 2013 von Leverkusen hierhin verlegt. Der Büroturm besteht aus insgesamt 22 Etagen und rund 45.000 Quadratmetern Bürofläche.[4] Auf eigenen Wunsch des Unternehmens wird nun das Hochhaus zum Lanxess Tower. Die davor liegenden Rheinetagen am Rhein werden an eine Wirtschaftskanzlei vermietet.

Standort: *Kennedyplatz 1*

Ⓗ **Haltestelle:** *Deutzer Freiheit*

Alt St. Heribert

Zentrum einer wechselvollen Geschichte

Zwischen dem modernen Lanxess-Tower und dem avantgardistisch anmutenden LVR-Landeshaus sticht ein weiß leuchtendes historisches Gebäudeensemble hervor: die ehemalige Abteikirche St. Heribert und das angrenzende frühere Benediktinerkloster. Die Gebäude wirken an dieser Stelle ein wenig verloren und wie aus der Zeit gefallen. Dabei markiert das architektonische Wunderwerk der Romanik aus dem 11. Jahrhundert den Kernpunkt der wechselvollen Deutzer Geschichte. Um St. Heribert herum gruppieren sich bedeutsame Fragmente vergangener Zeiten. Das Areal ist eine regelrechte Schatzkammer neu entdeckter und noch verborgener Relikte aus 1.700 Jahren rechtsrheinischer Geschichte. Abgesehen von den Klostergebäuden selbst, sind hinter der Kirche Reste des römischen Kastells freigelegt. Davor befinden sich Fundamente des ehemaligen Cöln-Mindener-Bahnhofs und schräg daneben erinnert ein Reiterstandbild der Deutzer Kürassieren an die Preußenzeit.

Die Abtei auf dem Terrain des ehemaligen römischen *Castrum Divitia* (Deutzer Kastell) wird 1002 vom Kölner Erzbischof Heribert gegründet und mit Benediktinermönchen besiedelt. Die Klosterkirche wird 1020 eingeweiht. Sie gehört zur Gruppe der kleinen romanischen Kirchen des heutigen Köln. Deutz ist im Mittelalter zwar eigenständig, gleichwohl aber Teil des Erzbistums Köln.

1021 stirbt Erzbischof Heribert und wird in der Klosterkirche begraben, die in der Folgezeit seinen Namen trägt. 1147 wird Heribert heiliggesprochen und in einem kostbaren goldgeschmiedeten Schrein gebettet, der sich seit 1896 in Neu St. Heribert befindet.

Die Abtei hat lange Zeit großen regionalen Einfluss. Sie wirkt besonders durch die Vielzahl ihrer Besitztümer auf die Region, beispielsweise auf den Königsforst und dessen Forstwirtschaft. Außerdem stehen ihr seit der Gründung der Zehnt aus den umliegenden Höfen in Deutz, Kalk,

Merheim, Ostheim und Teilen des Bergischen Lands zu.[12] Die Abtei macht Deutz jahrhundertelang zum Zentrum religiösen und klösterlichen Lebens im Rheinland. Aufgrund der strategischen Lage werden Kirche und Abtei aber immer wieder auch Schauplatz kriegerischer Auseinandersetzungen. Im Archiv der Stadt Köln ist dazu Folgendes zu lesen:

Da Deutz in zahlreichen Kriegen von großer militärischer Bedeutung war, wurden Abtei und Kirche immer wieder zerstört oder beschädigt. Besonders spektakulär im 30-jährigen Krieg. 1632 haben die Schweden das von den Kölnern besetzte Deutz angegriffen. Die Verteidiger zogen sich in die Pfarrkirche St. Urban neben der Abtei zurück, und schließlich gelang es mit herbeieilenden Verstärkungen, die Schweden wieder zu vertreiben. Allerdings lief das nicht ohne Kollateralschaden ab. Im Turm von St. Urban waren Pulvervorräte gelagert worden, die – durch wessen Schuld auch immer – während der Kämpfe in die Luft flogen. Diesen auch für den an Ereignissen nicht armen 30-jährigen Krieg spektakulären Augenblick hielt Matthäus Merian d. Ä. auf einem bekannten Stich fest.

Explosion Pfarrkirche St. Urban

St. Heribert (Historischer Park)

300 Menschen starben bei der Explosion, die natürlich auch die altehrwürdige Abtei nicht unbeeindruckt ließ. Sie hatte ohnehin unter den Ereignissen gelitten. Insbesondere die umfangreichen Weinvorräte der Mönche sollen es den plündernden Schweden angetan haben.

Das heutige Erscheinungsbild der Kirche stammt aus dem Jahr 1663. Nach der Auflösung der Abtei wird die ehemalige Klosterkirche zur Deutzer Pfarrkirche, die Güter des Klosters fallen an das Herzogtum Berg.

Im Jahr 1896 entsteht im Deutzer Zentrum, unweit des ehemaligen Klostergeländes, die neue St. Heribert Kirche (Ecke Deutzer Freiheit/Tempelstraße). Beide Gotteshäuser werden im Zweiten Weltkrieg stark beschädigt. Die Fassade von Alt St. Heribert wird in den 1970er Jahren originalgetreu wiederaufgebaut. Mittlerweile ist die Kirche denkmalgeschützt und wird von der griechisch-orthodoxen Gemeinde für deren Gottesdienste genutzt.

Standort: *Urbanstr. 1*

Haltestelle: *Deutzer Freiheit*

Rheinpark (Köln)

Vom Militärareal zum Naherholungsgebiet

Wer in Köln Natur, Kunst und Kultur genießen möchte, Lust zum Spielen, Relaxen oder Tanzen hat, in der Strandbar einen Cocktail schlürfen oder einfach nur das linksrheinische Stadtpanorama auf sich wirken lassen will, ist im Rheinpark bestens aufgehoben. 22 Hektar Grünfläche erstrecken sich von der Deutzer Messe bis zur Mülheimer Brücke.

Der Rheinpark wird 2007 als schönste Grünanlage Deutschlands ausgezeichnet. Er ist das Prachtstück unter den Kölner Parkanlagen. Im Frühjahr und Sommer verwandelt sich das rechtsrheinische Naherholungsgebiet in ein regelrechtes Blumenmeer. Dann laden zahlreiche Bänke und andere Sitzgelegenheiten dazu ein, die bunte Pracht der liebevoll angelegten Blumenbeete ausgiebig zu bewundern.

Neben der Blumenbepflanzung bereichern Brunnen, Wasserfontänen, verschiedenartige Laubengänge und großzügige Liegewiesen die Parkanlage. In den Sommermonaten zieht außerdem eine Kleinbahn, mit teils skurrilen Zugmaschinen, ihre Kreise im Rheinpark. Zeitgenössische Skulpturen, Abenteuerspielplätze und ein Jugendpark sowie frei zugängliche Spiel- und Sportstätten komplettieren das Angebot der Grünanlage. Im Zentrum des Rheinparks steht der Tanzbrunnen. Auf der dortigen Open-Air-Bühne sowie im angrenzenden Theater finden regelmäßige Konzerte statt, werden Musicals aufgeführt, Comedy dargeboten und vieles andere mehr.

Der Park steht seit 1989 unter Denkmalschutz. Schwer vorstellbar, dass diese Oase der Entspannung mitten im Stadtgebiet einst militärischer Stützpunkt, Schlachtfeld und Trümmerlandschaft gewesen sein soll. Die wechselvolle Geschichte aber zeigt: Das Gelände des heutigen Rheinparks wird mehr als ein Mal zerstört und wiederaufgebaut. Mit der Schleifung der von den Preußen im 19. Jahrhundert geschaffenen Umwallung von Köln und Deutz verlieren die Forts und anderen Festungsgebäude ab 1907 an militärischer Bedeutung. Einer anderweitigen, friedlichen Nutzung der Fläche zwischen Deutz und Mülheim steht nun nichts mehr im Weg. Es dauert aber mehrere Jahre bis 1913 der Gartenarchitekt Fritz Encke (1861-1931) einen ersten Entwurf für eine Volksparkanlage vorlegt.

Dieser Plan kommt allerdings nicht zur Ausführung, da der Deutsche Werkbund gemeinsam mit der Stadt Köln 1914 beschließt, an jenem Ort die erste »Deutsche Werkbundausstellung« zu veranstalten.

Der Deutsche Werkbund (DWB) wird 1907 gegründet. Ihm gehören nicht nur etablierte deutsche Architekten und Künstler an, sondern auch umsatzstarke Großbetriebe sowie ein bedeutendes Spektrum von Publizisten, Politikern und anderen Repräsentanten des öffentlichen Lebens.[5] Fünf Jahre nach seiner Gründung beschließt der Werkbund, seine Ziele, Aufgaben und Leistungen in einer Leistungsschau öffentlich zu präsentieren. Die Ausstellung findet auf dem Kölner Messegelände (heutigem Rheinpark) statt. Treibende Kraft dieser Leistungsschau sind neben Konrad Adenauer auch Carl Rehorst, Leiter des Kölner Dezernats für Bauwesen und Ortsvertrauensmann des Werkbundes für den Bezirk Köln.

Christian Heiser (2017): Originale Leistung, deutscher Stil. Der Deutsche Werkbund und seine Ausstellungen. Versuch einer Neubewertung der Kölner Werkbundausstellung nach 100 Jahren. Nachzulesen im Portal *Rheinische Geschichte* des Landschaftsverbands Rheinland.

Eine große Auswahl weiterer Literatur zu diesem Thema ist auf der Wikipediaseite der Kölner Werkbundausstellung zu finden.

Die Werkbundmitglieder haben sich dabei zum Ziel gesetzt, »Bauwerke und Gebrauchsgüter« von Qualität sowie die dazugehörige Reform der Arbeits- und Lebensbedingungen zu gestalten. Anspruch der Initiatoren ist es zu skizzieren, wie sich die Verwendung, Ausstattung, Einrichtung und Gärten der in der Leistungsschau präsentierten Gebäude positiv auf das Leben und Arbeiten der Menschen auswirken können. Unter den Akteuren befinden sich namhafte Architekten und Künstler, unter anderem Walter Gropius (1883-1969), Bruno Taut (1880-1938) oder Wilhelm Kreis (1873-1955).

Henry van de Velde (1863-1957) eröffnet am 15. Mai 1914 das Ausstellungsgelände mit über 50 exemplarischen Gebäuden. Die Exponate werden der breiten Öffentlichkeit als vorbildliche Beispiele für eine zeitgemäße und moderne Formgebung vorgestellt. Die Präsentation beginnt am 16. Mai 1914 und muss vorzeitig am 6. August abgebrochen werden. Der Erste Weltkrieg hat begonnen.

Nach dem Krieg werden die Gebäude der Werkbundausstellung abgerissen. Einzig das »Teehaus« (auch »Parkhaus« genannt) von Wilhelm Kreis bleibt bis 1957 auf dem Ausstellungsgelände stehen und dient als zentrales Objekt der späteren Anlagengestaltung. Das Volksparkgelände wird in »Rheinpark« unbenannt. Der erste Entwurf dazu kommt 1920 wiederum von Fritz Enke. Im selben Jahr beginnt der Bau der Kölner Messegebäude, welche mit dem Park verbunden werden. Die ersten aus früheren Kasernen umgebauten Hallen nennen die Kölner liebevoll-despektierlich »Adenauers Pferdeställe«, da sich der damalige Oberbürgermeister mit großem Engagement für die Gründung der »Kölner Messegesellschaft GmbH« einsetzt.

Die Erweiterung der Messeanlage erfolgt 1926 bis 28 und wird von dem Architekten Adolf Abel konzipiert. Die Messebauten bekommen ihre

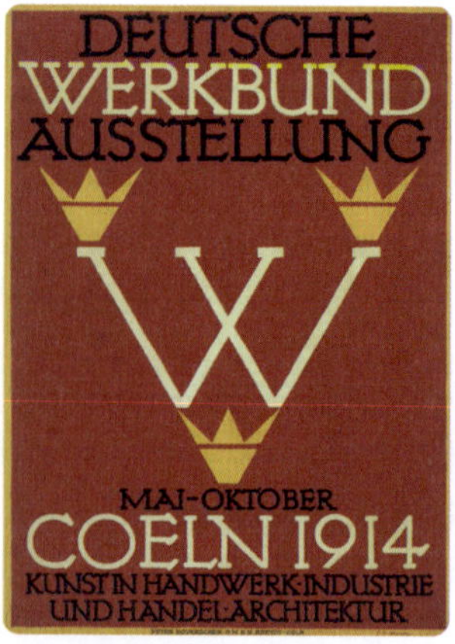

Werkbundausstellung (Plakat)

charakteristisch vorgehängten Backsteinfassaden, die bis heute noch weitgehend erhalten sind. Mit der Erweiterung des Gebäudeensembles geht der Umbau des Rheinparks durch den Garten- und Landschaftsarchitekten Theodor Nußbaum (1885-1956) einher. Nußbaum legt den Fokus der Erneuerung auf die gartenarchitektonische Fassung des großen Rondells vor den Messehallen, in dessen Mitte eine Fontäne eingelassen ist.[6]

Unmittelbar nach Beginn des Zweiten Weltkriegs beschlagnahmt die Wehrmacht weite Teile des Messegeländes und des Rheinparks. Vornehmlich die Messe wird während des Dritten Reichs missbräuchlich zweckentfremdet. Sie dient als Sammelpunkt, von welchem ab 1940 die Massendeportationen der Sinti und Roma und ab 1941 die Deportation von Juden aus Köln und Umgebung durchgeführt werden. Außerdem dienen die Messehallen als Depot für beschlagnahmtes jüdisches Eigentum und als Kriegsgefangenlager. Das Gelände um das große Rondell des Tanzbrunnens wird als sogenanntes Arbeitserziehungslager der Kölner Gestapo genutzt.

Nach der Befreiung durch die Alliierten 1945 tritt neben den Schreckenstaten der Nazis das grausame Ausmaß der Zerstörung durch den Zweiten Weltkrieg zutage. 78 Prozent des Kölner Stadtgebiets liegen in Schutt und Asche, auch Parks und Grünanlagen. Das Rheinparkgelände ist zu 85 Prozent zerstört.

Der Wiederaufbau beginnt und 1950 wird anlässlich der 1900-Jahr-Feier der Stadt Köln das zentrale Becken des großen Rondells nach Plänen von Josef Op Gen Oorth (1885-1973) wiederhergestellt und ergänzt. Man will für die Bevölkerung einen gepflegten Park mit Unterhaltungsmöglichkeiten schaffen. Der Tanzbrunnen wird die erste größere Freizeit-Attraktion Kölns nach dem Krieg.

1953 erhält Köln den Zuschlag, eine Bundesgartenschau (BUGA) auszurichten. Zu diesem Anlass müssen 35.000 Kubikmeter Schutt auf dem Rheinparkgelände beseitigt werden. Das gelingt durch eine gartenarchitektonische Meisterleistung: Die ebene Fläche des Rheinparks wird durch das Verteilen der Trümmerberge zu einer Hügellandschaft modelliert. Es entstehen neue Gebäude und Anlagen, unter anderem ein kleiner Weiher mit Rosengarten und ein künstlicher Wasserfall. Zeitgenössische Plastiken und Skulpturen namhafter Künstler werden aufgestellt und rund 2,5 Millionen Blumen, Sträucher und Bäume angepflanzt. Das Motto der BUGA lautet: »Blumen blühen am Rhein«.[7] Den Besuchern steht ein vielfältiges gastronomisches Angebot zur Auswahl, beispielsweise das alte in moderner Form wieder hergerichtete Restaurant »Rheinterassen«. Ein architektonischer Höhepunkt ist das von Frei Paul Otto (1925-2015) konzipierte Sternwellenzelt, ein radiales Wellenzelt in Membranbauweise über dem Tanzbrunnen. Von den für die Bundesgartenschau 1957 errichteten Gebäuden und Anlagen bleibt vieles erhalten. Nicht zuletzt die von dem Ingenieur Hans Brüggemann konzipierte Kölner Seilbahn, die den Strom quert und den Rheinpark mit dem linksrheinischen Zoo und der angrenzenden Flora verbindet. Die Seilbahn ist europaweit die erste ihrer Art, die über einen Fluss führt. Allein während der Bundesgartenschau befördert die Rheinseilbahn 1,4 Millionen Fahrgäste.

Die Bundesgartenschau 1957 gilt als die farbenprächtige Premiere des im Zweiten Weltkrieg völlig verwüsteten und nach einem Ideenwettbewerb wieder hergestellten Kölner Rheinparks. Durch das respektvolle Miteinander der unterschiedlichen Disziplinen Architektur, bildende Kunst und Landschaftsbau ist sie gleichzeitig Sinnbild einer demokratischen Gesellschaftsvision und spiegelt den sozialen, städtebaulichen, kulturellen und gärtnerischen Geist der zweiten Hälfte der 1950er Jahre wider.

Tanzbrunnen Rheinpark

Nach der BUGA ist vor der BUGA. Und so wird kurz nach der ersten Bundesgartenschau bereits die zweite geplant, welche 1971 stattfindet. Wieder steht der Rheinpark im Mittelpunkt der Planungen und die künstlerische Leitung übernimmt wie schon bei der ersten BUGA, der Leitende Gartenbaudirektor Kurt Schönbohm (1908-1997). Schönbohm ist darauf bedacht, den Park nicht zu »zerstören«. Gartenarchitektonische Umgestaltungen werden behutsam vorgenommen, um den Charakter der Anlage nicht zu verändern. Vieles von der Gestaltung der BUGA von 1957 bleibt erhalten oder wird renoviert. Neu hinzu kommen Anlagen, die auch nach der Ausstellung erhalten bleiben. So zum Beispiel der von Walter Polak entworfene »Mittelmeergarten« mit seinen verschiedenen Wasserspielen oder die »Spielhügelgesellschaft«. Außerdem werden dem Zeitgeschmack entsprechende neue Plastiken und Skulpturen präsentiert. Ein großer Spielplatz wird eingeweiht und die Kleinbahn nimmt nach jahrelanger Auszeit den Betrieb wieder auf.

Nach den Bundesgartenschauen wird der Rheinpark, wie beabsichtigt, der Bevölkerung als öffentlicher Erholungspark übergeben. Die verbliebenen Dauerbauten nehmen eine unterschiedliche Entwicklung. Das Restaurant Rheinterassen und das Theater am Tanzbrunnen werden 1989 bis 1994 renoviert und gehen in private Trägerschaft über.

Zu den prägenden Gestaltungselementen des Rheinparks gehören zahlreiche Skulpturen. Leider hinterlassen Wind und Wetter, insbesondere aber Vandalismus, Schäden an den Kunstwerken. Für die Restaurierung und den Erhalt der Skulpturen setzt sich der »Förderverein Rheinpark e.V.« mit großem Engagement ein. Nähere Informationen zu den Aktivitäten des Vereins können auf deren Homepage: www.rheinpark-köln.de abgerufen werden.

Um die gestalterische Schönheit der Gartenanlage zu erhalten, sind immer wieder aufwendige Sanierungsarbeiten im und am Rheinpark erforderlich. Hierzu gehört auch der Erhalt und die Restaurierung von denkmalgeschützten Gebäuden der ehemaligen Bundesgartenschauen. Hierfür setzen sich auch private Initiativen ein. Eine dieser Initiativen ist »perle sucht dame« deren Ziel es ist, »nach langem Leerstand und Verfall, die respektvolle und stilvolle Sanierung des Kölner Baudenkmals Rheinparkcafé zu fördern.« Perle sucht Dame (www.baukultur.nrw)

Attraktionen im Rheinpark

Kölner Jugendpark

Auf dem großen Gelände des Jugendparks werden vielfältige Freizeitattraktionen für Kinder und Jugendliche angeboten. Der Schwerpunkt hierbei liegt auf Sport, Spiel, Bewegung, Abenteuer; kulturelle Bildung; Kinderfestivals und Open-Air-Veranstaltungen. Die Angebote sind entsprechend des Konzepts der Inklusion für junge Menschen mit und ohne Behinderung. Die Organisatoren des Jugendparks kooperieren mit Schulen, Arbeitskreisen und verschiedenen Sozialdiensten.

Kunst im Rheinpark

Anlässlich der Bundesgartenschauen 1957 und 1971 werden zeitgenössische Skulpturen, Plastiken und andere Kunstwerke in den Rheinpark integriert, die dort zum Teil noch vorhanden sind. Der heutige Standort der Kunstobjekte entspricht jedoch nicht immer dem zur Zeit der Gartenschau. Auf der Homepage der Stadt Köln (www.stadt-koeln.de) kann ein Plan abgerufen werden, der den jeweiligen Standort der Skulpturen ausweist.

Tanzbrunnen

Auf dem 1928 entstandenen Tanzbrunnen-Areal befindet sich heute ein Kultur- und Freizeitpark mit einer Open-Air-Bühne für 12.500 Zuschauer und dem Theater mit rund 1.800 Sitzplätzen. Kölner Mundart-Bands und Solo-Künstler sind regelmäßig zu Gast im Tanzbrunnen. Im Veranstaltungskalender lassen sich aber auch Comedy, Musicals, Tanzkurse und diverse andere Events finden.

Kleinbahn

Die Kleinbahn fährt von Mitte März bis Ende Oktober (bei trockenem Wetter) auf einem zwei Kilometer langen Rundkurs mit drei Haltestellen durch den Park. Sie wird je nach Anlass von unterschiedlichen Lokomotiven gezogen: Die beiden Westernzüge sind den amerikanischen Dampflokmaschinen nachempfunden. Die DIEMA-Lokomotive, benannt nach der Diepholzer Maschinenfabrik, wird mit einem Dieselmotor betrieben und kommt zum Einsatz, wenn die Westernzüge nicht fahren oder abgeschleppt werden müssen. Die Porsche-Lokomotive, im Volksmund auch »Mondzug« genannt, verfügt über einen alten Porsche-Industriemotor mit 46 PS. Sie dreht allerdings nur zu besonderen Anlässen ihre Runden.

Rheinseilbahn

Die Seilbahn ist 935 Meter lang und überquert die beiden Ufer des Rheins in Riehl und Deutz. Die Fahrzeit dauert etwa sechs Minuten. Die 41 Kabinen für vier Personen können bis zu 1.600 Fahrgäste pro Stunde befördern. Seit 1989 ist die Seilbahn eine Tochtergesellschaft der Kölner Verkehrs-Betriebe (KVB).

Galerie im Malerwinkel

Vor über 30 Jahren hat der Kölner-Maler-Kreis e. V. das einst für die Bundesgartenschau 1971 errichtete Torfhaus angemietet. Dort werden jedes Jahr von März bis Oktober in wechselnden Ausstellungen Werke der Künstlerinnen und Künstler präsentiert. Darüber hinaus bieten die Vereinsmitglieder auch Malkurse für Kinder im Malerwinkel an.

Rheinpark-Café

Ende Juli 2022 ist es so weit: Nach fast 40 Jahren Leerstand wird das ehemalige Herzstück der Bundesgartenschau von 1957 wiederbelebt. Durch eine aufwendige und kostspielige Restaurierung ist das ehedem von Bundeskanzler Konrad Adenauer eingeweihte Kleinod zukünftigen Gästen wieder als Restaurant, Eventlocation und Biergarten zugänglich und soll wie einst ein gastronomischer Anziehungspunkt in Köln werden.

»km 689« Beach Club

Über tausend Tonnen weißer Strand, Strandliegen und »Chill-out-Betten« lassen Urlaubsgefühle aufkommen. Sonnensegel, Pagoden und Duschen komplettieren das Angebot des Beachclub im Rheinpark. Der km 689 befindets sich in unmittelbarer Nähe des Tanzbrunnens, was sich im Sommer als Extra-Plus erweist: Die Besucher des Clubs können bei Open-Air-Veranstaltungen an den Darbietungen kostenlos partizipieren.

Bauer, J., Klein Meynen, D., Meynen, H. (2007): Garten am Strom. Der Rheinpark in Köln. Bachem Verlag, Köln. Dieses empfehlenswerte Buch ist eine außergewöhnliche historische Rheinpark-Dokumentation, das rechtzeitig zum 50-jährigen Parkjubiläum erscheint.

Brixius, V. (2004): Der Rheinpark in Köln. Geschichte einer Gartenanlage von 1914 bis heute. Band I. Dissertation, vorgelegt an der Universität zu Köln.

Impressionen vom Kölner Rheinpark in Deutz:

Standort: *Rheinpark Reischplatz 6*

Haltestelle: *Im Rheinpark (Eingang Auerweg)*

Claudius Therme

Wie Köln fast zum Kurort wurde

Die Claudius Therme gehört zum Gesamtensemble des Rheinparks. Sie befindet sich unterhalb der Zoobrücke und erinnert nicht nur mit ihrem Namen an die antike Geschichte der Stadt. Mit bestem Blick auf den Kölner Dom entspannen hier Badegäste unter steinernen Bögen.

In den 1930er Jahren wird festgestellt, dass in 364 Metern Tiefe unter dem Kölner Rheinpark kohlensäurehaltiges Natriumchlorid-Wasser fließt, welches diverse Beschwerden wie Herzschwäche, Bluthochdruck oder Bronchitis zu heilen vermag. Erstmals wird das Heilwasser in Köln-Stammheim entdeckt, woraufhin der Kölner Oberbürgermeister Konrad Adenauer 1931 zwei Bohrungen (Messebrunnen I und II) im Rheinpark veranlasst. Sein Plan: Der Aufbau und Betrieb eines Kurbades.

Anlässlich der Bundesgartenschau 1957 werden sogenannte Gesundbrunnen errichtet, aus denen Gäste schwefel- und eisenhaltiges Heilwasser trinken können. Eine zweite Trinkstelle gibt es am Auenweg.

Ein ausführliches, 1962 veröffentlichtes Gutachten, bringt dem Messebrunnen III in Deutz die staatliche Anerkennung als Heilquelle.

Sie gilt bis heute und ist ungewöhnlich für eine deutsche Großstadt. Trotz der eindeutigen Expertise verzichtet die Stadt darauf, sich zukünftig »Bad Köln« zu nennen. Das ist auch gut so, denn gesundheitsförderliche Ruhe, saubere Luft, angenehmes Klima, diese für ein Kurbad wichtigen Kriterien gehobener Lebensqualität hat Köln nun wirklich nicht zu bieten. Das ist aber kein Grund, die Quelle nicht zu nutzen. Und so macht die »Dreikönigen-Therme« das heilende Wasser 1971 der Öffentlichkeit zugänglich. Kurze Zeit später beschließt der Rat der Stadt Köln allerdings, keine weiteren Bohrungen mehr zu finanzieren. Die Stadtverwaltung setzt sich über den Beschluss des Rates hinweg und treibt die Arbeiten des Messebrunnens IV weiter voran. In 1.027 Metern Tiefe stößt man auf eine Natrium-Chlorid-Therme mit einer Temperatur von 28,5 Grad. Die kostspieligen Bohrungen und technische Pannen treiben die Dreikönigen-Therme jedoch 1979 in den Konkurs. 1986 brennt das verwaiste Gebäude bis auf die Grundmauern nieder. Vermutet wird Brandstiftung.

Zehn Jahre später eröffnet an derselben Stelle die Claudius-Therme. »Ein Refugium für Gesundheitsbewusste und Wellnessliebhaber«, wirbt der Betreiber. Eine natürliche Thermal-Mineralquelle speist die weitläufigen Badeeinrichtungen und eine vielseitige Saunalandschaft lädt zum Entspannen und Ausruhen ein. Massagen und Beauty-Anwendungen komplettieren das Angebot der Claudius-Therme.

Einzigartig ist die Anreisemöglichkeit in luftiger Höhe. Besucher können via Seilbahn über den Rhein setzen und schon mal den nackten Tatsachen ins Auge blicken. Die Seilbahn fährt nämlich direkt über die Claudius-Therme und den dortigen FKK-Bereich. Die freizügigen Besucher der Sauna scheinen die neugierigen Blicke von oben nicht zu stören. »In zehn Jahren hatten wir eine einzige Beschwerde«, so der Marketingleiter der Therme.

Die Idee eines Kurbades geht, wie oben erwähnt, auf den damaligen Oberbürgermeister Konrad Adenauer zurück. Zu seiner Zeit allerdings hätten sich Therme und Seilbahn mit Sicherheit nicht gekreuzt.

Standort: *Sachsenbergstr. 1*

Haltestelle: *Claudius-Therme (Bus)*

St. Heribert Kirche

Neu St. Heribert

Der Dom auf der anderen Rheinseite

Auf der Deutzer Brücke – Richtung »Schäl Sick« – ragt von Weitem die drittgrößte (manche sprechen sogar von der zweitgrößten) Kirche Kölns

Schrein des Heiligen Heribert

empor: die katholische Pfarrkirche Neu St. Heribert. »Neu« deshalb, weil die ehemalige Klosterkirche auf dem Areal des ehemaligen Kastells denselben Namen trägt wie das dreischiffige Gotteshaus an der Deutzer Freiheit. Die Kirche wird in den Jahren 1891 bis 1896 nach den Plänen des Düsseldorfer Architekten Caspar Clemens Pickel (1847-1939) im neuromanischen Stil erbaut.

Neu St. Heribert wird im Volksmund auch Düxer Dom genannt und steht auf dem ehemaligen Tempelhof. Das Grundstück gehört im Frühmittelalter ursprünglich der Benediktiner-Abtei St. Pantaleon, die ihre rechtsrheinischen Güter den Templern (Angehörige des 1118 gegründeten Templerordens) zu Lehen geben. Von ihnen haben der Tempelhof und die anliegende Tempelstraße ihre Namen. Auf Betreiben des französischen Königs Phillips IV. (1268-1314) wird der Orden 1312 aufgelöst und das nicht unerhebliche Vermögen samt Gütern der Johanniter Ordensgemeinschaft übertragen. Von der französischen Verwaltung (1794–1814) säkularisiert, werden der Tempelhof und anderes Kirchenland von den preußischen Nachfolgern an private Investoren, darunter auch die Eheleute Anna Maria Mechtildis Neuhoff (1782-1842), geboren Sinsteden, und ihrem Onkel und Ehemann Johann Caspar Heinrich Neuhoff, verkauft. »Von der Kirche haben wir unser Vermögen, der Kirche soll es dienen«, lautet der Wahlspruch der Neuhoffs. Und so überschreibt Mechtildis Neuhoff 1878, drei Jahre vor ihrem Tod, den etwa 7.000 Quadratmeter großen Tempelhof der katholischen Gemeinde. In ihrem Testament bestimmt sie allerdings, dass spätestens zehn Jahre nach ihrem Tod mit dem Bau einer Kirche auf dem Tempelhofgelände begonnen werden müsse. Wegen des Grundstücknamens geht Mechtildis Neuhoff als »Tempelmadam« in die Geschichte ein, und auch heute noch werden reiche Deutzer Bürgerinnen mit diesem Spitznamen belegt.

1891 erfolgt gerade noch rechtzeitig der erste Spatenstich für die Kirche. Der Grundstein stammt laut Kirchenchronik vom Jerusalemer Ölberg. Außen wird das Bild der Kirche vor allem von den zwei großen Türmen bestimmt, die das mächtige Hauptportal mit der Rosette darüber einfassen. Der Innenraum ist Zeugnis von zwei verschiedenen stilistischen Epochen. Das hängt auch damit zusammen, dass die Kirche im Zweiten Weltkrieg erheblich beschädigt wird und der größte Teil der Ausstattung verloren geht.

Glanzpunkt des »Deutzer Doms« ist der Heribertschrein in dem die Reliquien des heiligen Heriberts, Erzbischof von Köln (999–1021) und Begründer der Abtei Deutz (1003), aufbewahrt sind. Der Schrein ist eines der Hauptwerke der Goldschmiedekunst in spätromanischer Zeit und gehört zu deren bedeutendsten Kunstwerken. Er wird 1175 vollendet. Zahlreiche Emailplatten, die vom Leben Heriberts berichten, sind von außergewöhnlicher Schönheit und Qualität. Im 19. Jahrhundert müssen die Goldschmiedearbeiten zum Teil erneuert werden und 1989 wird der Schrein komplett auseinandergebaut und restauriert. Seit 1993 kann der Heribertschrein hinter dem Hochaltar, gestützt von vier Marmorsäulen, wieder in voller Pracht bewundert werden.

Neben der Kirche ist das »Forum am Deutzer Dom« entstanden. Es ersetzt das alte Pfarrhaus in der Adolphstraße und wird als generationenübergreifendes Begegnungszentrum mit Bücherei, Gruppen- und Veranstaltungsräumen genutzt.

Pfarrer Jürgen Dreher erklärt den Hintergrund und die Bedeutung eines der Hauptwerke der Goldschmiedekunst aus der spätromanischen Zeit: St. Heribertschrein in Köln Deutz - YouTube

Der Kölner Kunsthistoriker Dr. Martin Seidler (†2015) hat ein wunderbares Fotobuch mit großformatigen Abbildungen zur Geschichte des **Heribertschreins** zusammengestellt:

Seidler, M. (2015): Der Schrein des Heiligen Heribert. Erzbistum Köln (Hrsg.). Schnell+Steiner. Köln.

Standort: *Tempelstraße 2A*

Haltestelle: *Deutzer Freiheit*

St.-Johanneskirche

Die erste protestantische Kirche in Deutz

»Normal«, das heißt in Köln: katholisch. Auch wenn dem rheinischen Katholizismus eine gewisse Laxheit und Toleranz nachgesagt wird – was das Kirchenvolk betrifft(!), so bleiben Angehörige des »richtigen« Glaubens

St.-Johanneskirche

dem Protestantismus gegenüber reserviert. Auch werden schon mal Seitenhiebe ausgeteilt, wenn es um Fragen der sogenannten (katholisch-evangelischen) Mischehe geht oder um die »falsche« konfessionelle Erziehung von Kindern. Was heute eher zum Schmunzeln anregt, ist über viele Jahrhunderte hinweg alles andere als zum Lachen. Kaum eine andere Stadt ist gegenüber der Reformation so resistent wie Köln und damit ein gefährliches Pflaster für die evangelische Kirche. Reformatoren werden hingerichtet, Schriften verbrannt, protestantische Bewegungen massiv unterdrückt. Das Bürgerrecht wird nur an Katholiken verliehen. Dasselbe gilt für die Mitgliedschaft in einer Zunft und die Ausübung politischer Ämter.

Das ändert sich erst mit dem Einmarsch der französischen Revolutionstruppen 1794. Im Zuge der Säkularisierung wird Andersgläubigen das Bürgerrecht der freien Religionsausübung zugestanden. Bis dahin halten die Kölner Protestanten ihre Gottesdienste auf der anderen Rheinseite ab, was natürlich streng verboten ist oder sie siedeln gleich ganz um, zum Beispiel nach Mülheim oder Deutz, jedenfalls an Orte, an denen Glaubensfreiheit besteht. 1714 ziehen auf einen Schlag zehn Kölner Großhändler in die gegenüberliegenden rechtsrheinischen Städte um. Diese zehn Unternehmer machen Mülheim innerhalb weniger Jahre zum Zentrum der Industrialisierung im Rheinland. Auch das riesige Areal aus Werkshallen, Fabriken und Verwaltungsgebäuden entlang der Deutz-Mülheimer-Straße geht auf das protestantische Unternehmertum zurück.

Deutz ist seit 1817 preußische Garnison. Es ist anzunehmen, dass durch die dort stationierten Soldaten die Zahl der evangelischen Christen im damals selbstständigen Deutz sehr schnell wächst. 1855 bekennen sich bereits über 500 Deutzer zum Protestantismus. Es entstehen erste Pläne eines eigenen Gotteshauses. 1859 ist es dann so weit: der Grundstein der ersten evangelischen Kirche in Deutz wird feierlich gelegt, 35 Jahre bevor die gegenüberliegende katholische Kirche, Neu St. Heribert, fertiggestellt ist. Am Reformationstag 1861 wird die St.-Johanneskirche eingeweiht. Das zunächst solitär stehende Backsteingebäude wird im Laufe der Jahre in den Straßenzug der Tempelstraße eingebunden. Stilistisch ist die Kirche nicht eindeutig festlegbar. Es lassen sich sowohl klassizistische als auch italienisch-romanische Elemente ausmachen, welche sich am sogenannten Eisenacher Regulativ orientieren. Dies ist bis 1908 der gültige Vorschriftenkatalog zur Gestaltung von evangelischen Kirchenbauten in

Deutschland. Besonders markant sticht bei der St.-Johanneskirche der achteckige Turm (Oktogon) über den Dächern von Deutz hervor.

Bei einem Luftangriff im Zweiten Weltkrieg brennt die Kirche vollständig aus. Der Dachstuhl über dem Kirchenschiff, die Orgelempore und das Turmdach werden völlig vernichtet. Ab 1949 wird die Kirche sukzessive wiederaufgebaut und am 2. Oktober 1950 abermals eingeweiht. Die Orgelempore wird 1952 eingezogen. Der Innenraum ist aufgrund des modernen Rundbogenfensters hell und besitzt eine hervorragend tragende Akustik. Die Kirche erfreut sich deshalb regelmäßig stattfindender Konzertveranstaltungen.

In Köln werden Protestanten lange Zeit »Blauköpp« genannt. Der Kölner Stadtführer **Uli Kievernagel** ist in einem seiner Online-Newsletter (www.Koeln-Lotse.de)[8] der Frage nachgegangen, was es damit auf sich hat: Woher der Begriff stammt und was er zu bedeuten hat, ist nicht eindeutig geklärt. Am wahrscheinlichsten erscheint, dass sich die ursprünglich abfällige Titulierung auf die Preußen bezieht. Das katholische Köln konnte mit den protestantisch-disziplinierten Preußen in blauen Uniformen wenig anfangen.

Heute feiern die Protestanten unter dem Motto »Blauköpp Alaaf« selbstbewusst ihre eigene Karnevalssitzung.

»Philosophisch betrachtet sind im Rheinland selbst die Protestanten katholisch und die Lust an der Sünde fördert vor allem eines: Die Freude an der Unterschiedlichkeit und die Gewissheit: Jott es janit esu. Moral ist nur erträglich, wenn sie doppelt ist. Kein neuer 30-jähriger Krieg also. Hauptsache, man hat mal drüber gesprochen!!!« (Jürgen Becker, Kölner Kabarettist). In diesem Sinne haben **Jürgen Becker** und **Norbert Alisch** ein satirisch-hintersinniges Lied geschrieben.

Zu hören hier: Ich bin so froh, dass ich nicht evangelisch bin – YouTube

Standort: *Tempelstr. 29*

Haltestellen: *Deutzer Freiheit*

Deutzer Synagoge

Eine vergebliche Suche

Der Widerspruch kann nicht größer sein: Einerseits darf sich Köln rühmen, aufgrund eines Edikts von Kaiser Konstantin (321 nach Christus) die älteste auf deutschem Boden bezeugte jüdische Gemeinde beheimatet zu haben. Andererseits geht die rigorose Judenvertreibung aus Köln »für alle Ewigkeit« anno 1424 als historischer Makel in die Geschichtsbücher ein. Davor gibt es Phasen des respektvollen Miteinanders, aber immer wieder auch Terror und Pogrome gegen jüdische Mitbürger. Eine der wohl schrecklichsten Ausschreitungen findet in der sogenannten Bartholomäusnacht 1349 statt. In Köln werden die meisten Juden in ihrem Viertel ermordet. Die Vertreibung zwingt die jüdischen Gemeinden, sich außerhalb von Köln eine neue Heimat zu suchen. Viele ziehen in das rechtsrheinische Umland und suchen dort ihre neue Bleibe. Damit beginnt die jüdische Geschichte in Deutz. Die Gemeinschaft lebt unter dem Schutz des Erzbischofs Dietrich von Moers (um 1385-1463) und wird eine der wichtigsten jüdischen Gemeinden in Kurköln. Hauptansiedlungsort wird zunächst die Vocher Gasse, die heutige Mindener Straße. In den folgenden Jahrhunderten spielt der Handel eine dominierende Rolle für die jüdischen Familien, wobei es immer wieder zu Konflikten mit Deutzer Kaufleuten und Zünften kommt. Im Jahr 1655 ereignen sich antijüdische Ausschreitungen. In diesem Fall sollen sich die Bürger von Deutz auf die Seite der betroffenen Juden gestellt haben.[9]

Bedauerlicherweise lässt sich die vielseitige und sehr lebendige Geschichte der jüdischen Gemeinde in Deutz nicht mehr durch Bauzeugnisse nachweisen. Dreimal werden jüdische Gotteshäuser in Deutz aufgebaut und genauso oft zerstört.

Die erste Synagoge im selbstständigen Deutz wird 1426 erwähnt. Sie steht im Bereich Mindener Straße, wo sie durch das katastrophale Hochwasser 1784 zerstört wird. Der »Jahrhundert-Eisgang« lässt den normalen Pegelstand des Rheins von 3,48 Metern auf 13,55 Meter ansteigen. Möglicherweise haben sich bis heute Überreste der dazugehörigen *Mikwe,* dem Ritualbad der mittelalterlichen Judengemeinde, unter der Aufschüttung der Rampe zur Deutzer Brücke erhalten.[10]

Die Deutzer jüdische Gemeinde baut ihre Synagoge wieder auf, welche 1786 an der heutigen Deutzer Freiheit eingeweiht wird. Acht Jahre später erfassen die Stürme der französischen Revolution das Rheinland. Köln wird 1794 von französischen Truppen besetzt. Kurz darauf werden die diskriminierenden Gesetze gegen die Juden aufgehoben. Als 1806 der Schwager von Napoleon Bonaparte, Joachim Murat, das Amt Deutz übernimmt, wird auch hier das französische Recht eingeführt. Verfolgung und Vertreibung von Bürgern, die nicht katholischen Glaubens sind, finden ihr Ende. Es kommt zu einer juristischen Gleichstellung von Katholiken und Protestanten. Für Juden geht die Ungleichbehandlung jedoch weiter: In Napoleons »Decret infame« werden wirtschaftliche Sonderbeschränkungen für Juden festgelegt.

Auch unter preußischer Herrschaft bleibt es beim Ausschluss von öffentlichen Ämtern mit richterlicher, exekutiver oder polizeilicher Befugnis. Zudem fällt 1914 das Ende des 18. Jahrhunderts errichtete Gotteshaus dem Bau der Deutzer Rheinbrücke (später Hindenburgbrücke) zum Opfer.

Die Zahl der Mitglieder jüdischen Glaubens scheint zu diesem Zeitpunkt nicht groß genug zu sein, um eine neue, große Synagoge in Deutz zu errichten. So bleibt es bei einem Gebetshaus mit einer angegliederten Religionsschule am Reischplatz 6. Aber auch dieses Gebäude fällt der Zerstörung anheim. In der Reichspogromnacht am 9. November 1938 setzen organisierte Schlägertrupps jüdische Geschäfte und Gotteshäuser in Brand, tausende Juden werden misshandelt, verhaftet oder getötet. In

Der Zeitzeuge **Johannes Bodewig** erinnert sich:

In der Reichskristallnacht standen Menschen vor dem jüdischen Gebetshaus am Reischplatz 6. Ich war sieben Jahre und stand mittendrin. Am Eingang der Synagoge war et am Qualmen. In Deutz haben die das nicht so gemacht wie überall: Sie haben die Synagoge nicht direkt angesteckt. Sie haben ein Sofa dort hingestellt und ein paar Kartons und Papier und das angezündet. Und wie man das als Junge macht, hab'ich gefragt: »Warum macht denn hier keiner was? Da steht die Feuerwehr, warum löschen die nicht? Da steht die Polizei, warum tut die nix?« Da kam ein älterer Herr, der kannte mich wohl, und hat gesagt: »Komm Jung', ich bring dich nach Haus, dat verstehst du nit.«

dieser furchtbaren Nacht wird das Zusammenleben mit den jüdischen Mitbürgern vom Nazi-Regime gänzlich ausgelöscht. Es ist der Anfang des durchorganisierten Massenmords.

Nach dem Zweiten Weltkrieg gibt es die jüdische Gemeinde Deutz nicht mehr. Die Gedenkplatte an der Hausfassade am Reischplatz 6 und der Deutzer jüdische Friedhof sind die einzigen sichtbaren Zeugen der Geschichte der Juden in diesem Stadtteil.

Der jüdische Friedhof in Deutz ist der älteste in Köln. Eine faszinierende Ruhestätte, wo auch einige bekannte jüdische Persönlichkeiten begraben sind. So zum Beispiel die Angehörigen der Familie Oppenheim, der Vater von Jaques Offenbach, der deutsch-jüdische Philosoph und Schriftsteller Moses Hess. Auch David Wolffsohn ist hier begraben (Nachfolger von Theodor Herzl, dem Präsidenten der Zionistischen Weltorganisation) sowie viele andere, aus deren Leben es zahlreiche Geschichten, Anekdoten und Biografisches zu erzählen gibt.

Das Edikt Kaiser Konstantins von 321

Archäologische Quellen lassen keinen Zweifel: die zivile und militärische Gesellschaft im Köln der Spätantike war geprägt von ethnischer Vielfalt. Folgerichtig legt Kaiser Konstantin in dem Edikt von 321 fest, dass auch Juden städtische Ämter in den Kurien, also den römischen Stadträten, bekleiden dürfen und sollen. Die Abschrift gilt als die früheste Quelle über die Existenz von Juden in den nördlichen Provinzen des römischen Reiches und damit der heutigen deutschsprachigen Länder.

Zwei Blätter der Gesetzesabschrift aus dem 5. Jahrhundert, die im Vatikan aufbewahrt werden, sind anlässlich des Festjahres 2021 »1.700 Jahre jüdisches Leben in Deutschland« für fünf Wochen im Kölner Kunstmuseum Kolumba ausgestellt.

Den heute leicht verwilderten und sehr interessanten Ort kann allerdings nur betreten, wer eine Führung bucht. So gilt der jüdische Friedhof in Deutz als einzigartiges Biotop: mehr als 230 Pflanzenarten sind dort heimisch, davon allein rund 130 verschiedene Stauden. Es gibt viele wissenschaftliche Abhandlungen über die Flora und Fauna des Friedhofs.

Augenfällig sind die Grabsteine, von denen einige stehen, andere liegen. Der Grund hierfür ist schlicht und ergreifend der: Fällt ein Stein hin, bleibt er einfach liegen. Nach jüdischem Brauch gehört das Grab den Toten, es darf nicht verändert werden. Oft unbehelligt eingebettet in die Natur, darf nur sie eingreifen.

Die jüdischen Gemeinden pflegen schon seit vielen Jahrhunderten eine ausgesprochen rege Feier- und Festkultur, vor allem in religiöser, aber auch in gesellschaftlicher Hinsicht – so auch in Deutz. Als eine Besonderheit dort gilt die im 19. Jahrhundert oft gerühmte »gefällige Tanzmusik« jüdischer Orchester. Einer der Unterhaltungsmusiker ist der aus Offenbach stammende Kantor, Komponist und Dichter Isaak Juda Eberst (1779/81-1850). Er musiziert nicht nur in Synagogen, sondern auch auf Tanzböden und lernt in einem der Deutzer Gasthäuser Marianne Rindskopf (1785-1840) kennen, die er 1805 heiratet. Die Familie nimmt den Namen Offenbach an und am 20. Juni 1919 kommt Jakob, das siebte Kind des Ehepaars zur Welt. Jakob und zwei seiner ebenfalls sehr musikalischen Geschwister treten ab den 1830er Jahren regelmäßig als Trio in Kölner Gaststätten auf. Nach der Aufnahme am Pariser Konservatorium beginnt für Jakob als Komponist und Theaterintendant unter dem Künstlernamen Jaques Offenbach eine steile Weltkarriere.

Die Kölner Offenbach Gesellschaft hat En passant einen liebevollen virtuellen Rundgang auf den Spuren von Jaques Offenbach gestaltet. Mit Jacques Offenbach durch Köln – En Passant – YouTube

Standort: *Jüdischer Friedhof*
Köln-Deutz, Judenkirchhofsweg 6
Reischplatz 6

Haltestellen: *Drehbrücke, Deutzer Freiheit, Suevenstraße (Fußweg)*

Druckhaus Deutz

Zentrum politischer Presse und gewaltsamer Machtdemonstration

In der Verlängerung der Deutzer Freiheit ist bereits von Weitem zu sehen, wie sich der Roland, das Logo der Rechtsschutz-Versicherungs AG auf einem roten Backsteingebäude dreht.

Ursprünglich hat das Gebäude eine völlig andere Bestimmung. Es wird in den Jahren 1931/32 als Druckhaus Deutz erbaut und fungiert in seiner ursprünglichen Bestimmung als neuer Stammsitz für die »Rheinische Zeitung«. Die Tageszeitung der Kölner SPD ist das maßgebliche sozialdemokratische Organ im Rheinland. Der Titel bezieht sich bewusst auf das gleichnamige Vorgängerblatt und die von Karl Marx (1818-1883) redigierte Neue Rheinische Zeitung.

Mit dem Entwurf und der Planung des »proletarischen Baus« wird Hans Hagelüken beauftragt. Der Architekt gilt in Kennerkreisen als Vertreter eines Baustils, welcher der Arbeiterbewegung zugeordnet werden kann. Der Reichstagsabgeordnete Wilhelm Sollmann (1881-1951) zieht als Chefredakteur in das Druck- und Verlagshaus ein, das nach dem in Deutz geborenen Mitbegründer der Sozialdemokratischen Partei Deutschlands (SPD), August Bebel (1840-1913), benannt wird.

Am 28. Februar 1933 wird die Ausgabe der Rheinischen Zeitung polizeilich beschlagnahmt und am 10. März teilt der Kölner Regierungspräsident mit, er habe die Schließung des August-Bebel-Hauses angeordnet. Die Druckerei und das Verlagshaus werden daraufhin von den Nationalsozialisten enteignet. In dem Gebäude auf der Deutz-Kalker-Straße wird von nun an bis zum Ende des Zweiten Weltkriegs das Propagandablatt »Westdeutscher Beobachter«, das offizielles Organ der NSDAP, gedruckt.

Die Nazis lassen auf das Gebäude ornamentierte Attikageschosse aufsetzen, die im Bereich des Eckbaus mit einem Hakenkreuzfries versehen werden. Die auf dem Dach angebrachte Parteiflagge und eine übergroße Adlerskulptur sollen die Erinnerung an die kurze sozialdemokratische Vergangenheit des Gebäudes löschen.[11] Nach dem Krieg werden die Nazi-Ornamente abgeschlagen, bei feuchter Witterung sind sie aber bei genauem Hinsehen bis heute zu erkennen.

Druckhaus Deutz (heute und damals)

Nach 1945 dient das Druckhaus zunächst wieder der Rheinischen Zeitung, deren Wiederbelebung scheitert jedoch. Es werden daraufhin andere sozialdemokratische und gewerkschaftliche Printmedien produziert, unter anderem die Zeitung »Vorwärts«. Diese geraten aber nach und nach ebenfalls ins Strudeln, sodass in der Folge das Druckhaus 1980 endgültig schließen muss. Seit einigen Jahrzehnten wird der Bau nach einer völligen Umgestaltung der Innenräume von der Roland-Versicherungs-AG genutzt.

Standort: *Deutz-Kalker-Str. 46*

Haltestellen: *Deutz/Lanxess-Arena*
U-Bahnhof Technische Hochschule

Deutz-Kalker-Bad

Vom Schwimmbad zum exklusiven Restaurant

Wer heutzutage ins Hallenbad geht, zieht in den allermeisten Fällen seine Bahnen in einer sachlich-funktional und nüchtern gehaltenen Schwimmhalle. Anders in der sogenannten Gründerzeit, in der die zeitgenössische Architektur prachtvolle Badehäuser im Jugendstil, mit mächtigen Pfeilern und einem Kuppeldach hervorbringt. Die Innenausstattung in diesen Gebäuden ist stimmungsvoll gestaltet, stilechte Verzierungen und Kacheln komplettieren den grandiosen Raumeindruck. In Köln gibt es gleich zwei dieser wilhelminischen Prachtanlagen: das Neptunbad in Ehrenfeld und das von Hans Verbeek (1873-1954) entworfene Kaiser Wilhelm Bad in Deutz. Nach nur einjähriger Bauzeit wird die Badeanstalt 1913 eröffnet und dient zunächst als Militärbad für die Deutzer Kürassiere.

Nach dem Ersten Weltkrieg wird das Gebäude in Deutz-Kalker-Bad unbenannt und der Öffentlichkeit zugänglich gemacht. Es gilt als eine der schönsten Schwimmhallen Kölns. Im Zweiten Weltkrieg wird das Bad allerdings schwer beschädigt. Nachdem der Schutt aus dem Becken geräumt ist, wird es 1947 wiedereröffnet. Neben dem allgemeinen Badebetrieb hält

Kaiser-Wilhelm-Bad Schwimmbecken

der Schwimmverein SV Rhenania Köln hier bis 1961 seinen Übungsbetrieb ab. Der SV Rhenania ist zunächst erfolgreichster Kölner und später dann auch stärkster westdeutscher Schwimmverein. Über Jahre hinweg sind die SVR-Schwimmerinnen und Schwimmer führend (nachzulesen auf deren Homepage: www.rhenania-koeln.de). Auch Prominente wie der Boxer Peter Müller (»de Kölsche Aap«) oder der Musiker Hans Süper (Teil des Colonia Duetts) sind regelmäßige Badegäste.

Mit der Eröffnung der »Claudius Therme« (im Rheinpark) endet die Ära des historischen Bades. 1996 wird der Betrieb des Deutz-Kalker Bads eingestellt. In der Folgezeit wird trotz mehrerer Initiativen verschiedener Interessenten keine Nachnutzung gefunden. Das Problem: Die Belange des Denkmalschutzes scheinen einem wirtschaftlichen Erfolg entgegenzustehen. Über viele Jahre hinweg bleibt das Deutz-Kalker-Bad mit seiner erstaunlich gut erhaltenen Bausubstanz eines der letzten schlummernden architektonischen Juwelen Kölns.

Ab 2008 erhält das ehemalige Bad dann doch noch seine neue Bestimmung. Es wird zu einem Vier-Sterne-Hotel umgebaut. Das Gebäude wird durch einen fünfgeschossigen Neubau – rückwärtig, als ein Flügel im Hof

– ergänzt und im Inneren bleiben historische Fragmente wie historische Beläge und Ziegelwände erhalten. Am 1. Mai 2010 eröffnet das »Günneweg Hotel Stadtpalais« im vorderen Teil des Bades seinen Betrieb, seit 2015

Kaiser-Wilhelm-Bad

eigenständig als Hotel Stadtpalais. In der Schwimmhalle selbst wird im Jahre 2019 nach neunjähriger Planung – die hohen Denkmalschutzauflagen haben den Umbau in die Länge gezogen – ein Restaurant eröffnet. Es trägt den Namen KWB (Kaiser Wilhelm Bad) im Stadtpalais und soll die architektonische Verbindung von Alt und Neu zum Ausdruck bringen.

In der **WDR Lokalzeit** wird die Entstehung und Umsetzung des Restaurant-Projekts eindrucksvoll wiedergegeben: Cooles Gastrodesign: Schwimmbad wird zum Szene-Restaurant

Standort: *Deutz-Kalker-Str. 52*

Haltestellen: *U-Bahnhof Technische Hochschule*

Lanxess Arena

Schauplatz für Sportler, Weltstars und Lokalmatadore

Als die legendäre Kölner Sporthalle auf dem Messegelände am 13. März 1999 abgerissen wird – über 20.000 Kölner sagen »Adieu«, ragt die Bogenkonstruktion der neuen Multifunktionshalle bereits stolz und weithin sichtbar in den Deutzer Himmel. Nach gut zweijähriger Bauzeit wird die moderne Kölnarena 1989 im Rahmen eines Konzerts mit dem Startenor Luciano Pavarotti (1935-2007) eröffnet. Die Großveranstaltungshalle bietet rund 18.000 Menschen Platz und eignet sich für diverse Events: Sportveranstaltungen, Konzerte, Musicals, Shows, Kongresse und vieles mehr. Seit 2008 trägt die Arena aufgrund einer vertraglich geregelten Kooperation zwischen den Kölnarena-Betreibern und dem Chemiekonzern Lanxess den Namen Lanxess Arena.

Lanxess-Arena

Die nach den Entwürfen des Architekten Peter Böhm gebaute Arena wird zu einem prägenden Blickfang im Stadtbild und eines der Deutzer Wahrzeichen. Aufgrund ihrer markanten Trägerkonstruktion wird sie im Volksmund auch liebevoll Henkelmännchen genannt. Die Mehrzweckhalle zählt zu den größten und modernsten ihrer Art in Europa. Sie verfügt über 83.700 Quadratmeter Nutzfläche, moderne Bühnen, Ton- und Lichttechnik sowie diverse gastronomische Einrichtungen.

Für den Glamour in der Stadt sorgen Auftritte von Weltstars wie die von Lady Gaga, Adele oder Elton John. (Die meisten der Stars beherbergt übrigens seit jeher das exklusive Hyatt-Hotel am Deutzer Rheinufer.) Publikumsmagnete sind aber zuverlässig auch die einheimischen Matadore. So füllen beispielsweise die »Haie« (Kölner Eishockeyclub) mit ihren Heimspielen die Halle ebenso wie die vielen kölschen Musikbands und Mundart-Künstler Bläck Fööss, Brings, Höhner, Paveier, Kasalla, Cat Ballou, um nur einige zu nennen. Schließlich wird in Köln und Umgebung viel und gern gesungen. Besonders beliebt ist die jährlich zur Karnevalszeit stattfindende »Lachende Arena«. Diese Traditionsveranstaltung begeistert seit 1965. Bei ihrer Prämiere im Vorgängerbau Kölner Sporthalle steht Mitinitiator Willy Millowitsch (1909-1990) zusammen mit 300 Mitwirkenden auf der Bühne. Die Veranstaltung hat bis heute ihre Anziehungskraft beim obligatorisch sich selbstversorgenden Publikum nicht verloren.

Im Rahmen der vereinbarten Randbebauung wird im Jahr 2000 die Kölnarena 2 eröffnet. Sie dient seither dem Kölner Eishockeyclub (KEC) als Trainings- und Verwaltungszentrum.

Was ist ein »Henkelmännchen«? Die Bergleute haben für ihre Arbeit unter Tage nach einem praktischen Behälter zur Aufbewahrung ihres Essens gesucht und schließlich den »Henkelmann« erfunden und entwickelt. Begriffsbildend hierbei war der Gefäß-*Henkel.* Der Behälter aus Blech hatte den Vorteil, dass das Zuhause zubereitete Essen zum Arbeitsplatz transportiert werden konnte, ohne es zum Aufwärmen im heißen Wasserbad umfüllen zu müssen. Henkelmänner besaßen mehrere Behälter, die übereinandergestapelt und durch den Henkel zusammengehalten wurden. In den einzelnen Behältnissen befanden sich zum Beispiel Suppe, Gemüse, Kartoffeln, Fleisch oder Soße. Der Henkelmann war nach dem Zweiten Weltkrieg bis in die 1970er Jahre weit verbreitet.

Technische Daten können hier abgerufen werden:

https://www.lanxess-arena.de/die-arena/daten-fakten

Standort: *Willy-Brandt-Platz 3*

Haltestelle: *Deutz/Lanxess-Arena*

Deutzer Hafen

Ein Industriehafen soll modernes Stadtquartier werden

»Aurora mit dem Sonnenstern« – dieser pfiffige Werbespot mit der dazugehörigen Melodie ist jahrzehntelang ein Ohrwurm und für den Mühlenbetrieb am Deutzer Hafen ein Erfolgskonzept. Inzwischen ist die Aurora-Sonne in Köln allerdings untergegangen und das Logo am Gebäude der Mühle verblasst. Das Unternehmen ist nach Krefeld gezogen und hat

Ellmühle im Deutzer Hafen

2020 eine lange Firmentradition in Deutz beendet. Dem wohl prägnantesten und denkmalgeschützten Fabrikgebäude am Deutzer Hafen steht nach 111 Jahren eine Neunutzung bevor und damit dem gesamten Deutzer Hafengebiet. Somit könnte bei einer gelungenen Neuplanung des Geländes eine andere Morgenröte entstehen, die das urbane Leben im rechtsrheinischen Köln neu entfacht.

Ein Blick zurück: 1909, zwei Jahre nach der Einweihung des Deutzer Hafens, entsteht dort eine neue Großmühle des Unternehmens Auer. Der Standortvorteil liegt auf der Hand: das Getreide kann per Schiff angeliefert, fertig gemahlen und wieder verschifft werden. Zudem verfügt der Deutzer Hafen über einen Gleisanschluss der preußischen Eisenbahngesellschaft.

Im Zweiten Weltkrieg wird die Mühle beschädigt. Auer kann erst 1950 den Betrieb wieder aufnehmen. Zur gleichen Zeit errichtet die Firma Leysieffer & Lietzmann in der Nachbarschaft der Auer-Mühle eine eigene Weizenmühle. Die beiden Mühlenbetriebe werden 1964 verschmolzen und firmieren nun unter dem Namen Ellmühle. Mit einer Kapazität von 380.000 Tonnen Mehl pro Jahr wird die Ellmühle eine der bedeutendsten Mühlen Europas. Neben den Mühlen haben sich bereits andere Firmen am Deutzer Hafen etabliert, die diesen viele Jahrzehnte als erfolgreichen Umschlaghafen nutzen.

Häfen gibt es in Köln bereits seit der Römerzeit. Ausgenommen davon ist das rechtsrheinische Ufer. Dort darf über viele Jahrhunderte kein Hafen entstehen. Ist es im Mittelalter vermutlich noch Konkurrenzdenken, verbietet in der Neuzeit das preußische Reichsrayongesetz, wonach in der Umgebung der von den Preußen angelegten Festungen nicht gebaut werden darf, die Entstehung eines Deutzer Hafens. Mit der Industrialisierung und Ansiedlung bedeutender Firmen und Fabriken an den rechtsrheinischen Standorten Deutz, Mühlheim und Kalk wird die Notwendigkeit eines Umschlaghafens jedoch immer dringlicher. So sehen sich unter anderem die Waggonfabrik van der Zypen & Charlier, die Otto & Cie. Gasmotorenfabrik Deutz oder die Chemische Fabrik Kalk als potenzielle Kunden eines möglichen Deutzer Hafens.[12]

Mit der Eingemeindung nach Köln 1888 ist das Hafen-Bauverbot in Deutz obsolet. Zur Umsetzung des Hafengeländes werden notwendige, auch unpopuläre Entscheidungen getroffen. So verlieren beispielsweise

Drehbrücke im Hafen

einige Landwirte enorme Ackerflächen. Baubeginn ist 1904. Bei den Ausgrabungs- und Baggerarbeiten wird eine Landzunge mit natürlichem Hafen, dem »Schnellert«, genutzt. 1907 sind die Bauarbeiten abgeschossen. Bis heute gliedert sich der Deutzer Hafen in zwei Teile: das vordere, kleinere Becken nördlich der Drehbrücke, das als Liegehafen dient und das hintere, südliche Hafenbecken, das lange Zeit als Industriehafen fungiert.

Äußerst kunstvoll fällt die 1908 eingeweihte elektrische Drehbrücke am Hafen aus. Sie führt über das Hafenbecken hinweg zu den Poller Wiesen. Die Brücke wird mittels Hydraulik angehoben und durch einen Elektromotor gedreht. Bedient wird sie von einem kleinen, über dem Drehpunkt angeordneten Häuschen aus. Die ornamental verzierten Blechplatten an dem Häuschen, große laternenbekrönte Pfeiler an den Brückenzufahrten sowie Bleche in den Brüstungsgittern erinnern an die Jugendstilepoche. 1980 wird die Drehbrücke zum Industriedenkmal erklärt.[13]

Heute stehen im Haupt- und Industriehafen noch drei schwere Kräne von 1963 beziehungsweise 1980 sowie Verladebrücken von 1983 und 1985. Löschboote der Kölner Berufsfeuerwehr sind seit 1994 hier stationiert und die Wasserschutzpolizei hat seit 1998 ihren Anleger im Deutzer Hafen. Außerdem haben sich mittlerweile auch hafenfremde Unternehmen angesiedelt, so zum Beispiel die Eventhalle Essigfabrik.

Inzwischen gibt es große Leerstände in den veralteten Gewerbeimmobilien am Hafen. Über die zukünftige Nutzung des Industriehafens wird bereits seit vielen Jahren diskutiert. Vorbild ist die Entwicklung des gegenüberliegenden Rheinauhafens. Ähnlich wie in diesem neu entstandenen Quartier soll das Gelände am Deutzer Hafen zum Dienstleistungs- und Wohnstandort werden. So will die Stadtentwicklungsgesellschaft *moderne stadt* das Gelände in enger Abstimmung mit der Stadt Köln als »sozial und funktional gemischtes Veedel« konzipieren und entwickeln. Vorgesehen sind unterschiedliche Wohnformen, Büros, Kreativ- und Dienstleistungsbetriebe, kulturelle Einrichtungen sowie öffentliche Freiflächen und Erholungsräume.

Die Stadt Köln schreibt auf ihrer Homepage zum Stadtentwicklungsprojekt Deutzer Hafen*:* »Leinen los am rechten Rheinufer. Die Neuentwicklung des Industriehafens in Deutz, der seine angestammte Rolle

Deutzer Hafen – Projektentwicklung

weitgehend verloren hat, ist Teil eines strategischen Konzepts, mit dem Köln den Herausforderungen der Zukunft begegnet. Die Einwohnerzahl steigt mit schnellem Tempo in beträchtlichem Umfang – und damit der Bedarf an Wohnraum und Arbeitsplätzen. Es ist ein Glücksfall, dass Köln in innerstädtischer Lage, direkt am Wasser und in Sichtweite des Doms noch Flächen besitzt, auf denen neue urbane Quartiere entwickelt werden können. So sollen künftig rund um das Deutzer Hafenbecken wie schon am Hafen in Mülheim einige tausend Wohnungen, ein großer Teil in gefördertem Wohnungsbau, moderne Büros und hochwertige Gewerbeflächen entstehen.«

Die Stadt Köln informiert regelmäßig auf ihrer Homepage über die aktuellen Entwicklungen des Hafenprojekts:

Deutzer Hafen Köln – moderne stadt

Standort: *Deutzer Hafen*

Haltestelle: *Drehbrücke*

Deutzer Freiheit

Eine Einkaufsstraße im Wandel der Zeit

»Die Freiheit nehm ich mir« und beginne erst mit den Hausnummern 49 (links) und 60 (rechts). Tatsächlich gibt es die Hausnummern 1 bis 59 und die dazugehörigen Gebäude auf der Deutzer Freiheit nicht (mehr). Was nicht nur Brief- und Paketzusteller verwundern dürfte, hat allerdings nichts mit Schludrigkeit zu tun und ist auch kein typisch kölsches Laissez-faire. Es ist vielmehr der städtischen Verkehrsplanung zu »verdanken«, dass ab den 1930er Jahren ohne Rücksicht auf Deutzer Verluste gewachsene Altstadtgassen und Häuser durch neue Brückenrampen, Gleistraßen und Straßenzüge brachial ersetzt werden. Das passiert Deutz nicht zum ersten Mal. Denken wir nur an den »Deutzer Eisenbahnjammer« von 1882. Damals wird zum Leidwesen der Anwohner durch den Bahndamm der Bergisch Märkischen Eisenbahngesellschaft am Deutzer Rheinufer der direkte Zugang zum Rhein versperrt. Es ist der Anfang vom Ende der Deutzer Altstadt und der Deutzer Freiheit. Die einstige Prachtstraße mit Kino, Restaurants und noblen Hotels kämpft bis heute, das verlorengegangene Flair alter Tage zurückzuerobern.

Der Name »Deutzer Freiheit« geht auf das Mittelalter zurück: »Vriheit« (Freiheit) weist ungefähr ab dem 12. Jahrhundert auf Ortschaften hin, die befreit sind von allen Geld- und Naturalienabgaben sowie Diensten gegenüber den Landesherren. Deutz ist zur damaligen Zeit ein solcher Ort, dem Graf Adolf VI. von Berg (1290-1348) im Jahr 1322 Freiheit von allen Abgaben und Diensten sowie ein weltliches Gericht gewährt. Für viele Deutzer steht der Straßennamen heute aber auch für Glaubens- und Religionsfreiheit, die in Deutz – im Gegensatz zu Köln – bereits seit dem Mittelalter herrscht.

Neben der Siegburger Straße ist die Deutzer Freiheit zudem die erste besiedelte Handelsstraße von Deutz. Sie bildet den Punkt, an dem drei wichtige Handelsstraßen nach Norden, Osten und Süden zusammenführen. Erstmalige Erwähnung findet die Deutzer Freiheit um 1632. Damals

Deutzer-Freiheit um 1910

Sünner Brauerei

ist sie viel kürzer als heute und erst im Laufe der Zeit werden ihr immer mehr kleinere Straßen zugeschlagen.

Im 19. Jahrhundert wird die Deutzer Freiheit zu einer Prachtstraße umgebaut, auf der mittig eine Lindenallee angelegt ist. Diese muss jedoch später einer Pferdebahn weichen und ab 1910 fährt eine Straßenbahn durch die immer enger werdende Deutzer Freiheit. Von alledem ist heute so gut wie nichts mehr zu erkennen. Ebenso schwer vorstellbar ist, dass Deutz vor ungefähr 200 Jahren den Ruf eines beliebten Vergnügungsviertels hat – ähnlich wie heute die Kölner Alt- oder Südstadt. Bei linksrheinischen Sittenwächtern hat Deutz deshalb sogar den Ruf eines »Sündenpfuhls«. Gaststätte reiht sich an Gaststätte, Tanzlokale und sogenannte Lusthäuser laden zum Pläsier ein und in Spielsalons darf das Schicksal herausgefordert werden, während das Glücksspiel jenseits des Rheins verboten ist. Außerdem befindet sich auf der Deutzer Freiheit bis nach dem Zweiten Weltkrieg die älteste Kölsch-Brauerei der Welt: die der Gebrüder Sünner – seit 1830 in Besitz der gleichnamigen Familie. Das Unternehmen beginnt mit einer kleinen Hausbrauerei »Zum Schiffgen«, der auch eine Schnaps- und Likörbrennerei angeschlossen ist. Nach der Zerstörung

Eckhaus Riphahn

1945 wird das Stammhaus aber nicht wiederaufgebaut und die Brauerei zieht nach Köln-Kalk um.

In den Kriegsjahren des Zweiten Weltkriegs wird Köln über 150-mal von alliierten Bombern angegriffen. Von der Zerstörung ist auch Deutz betroffen. Nach dem Krieg lautet die Devise: schneller Wiederaufbau und Wohnraumschaffung. So stehen heute neben den wenigen erhaltenen Vorkriegsgebäuden eine Reihe schmuckloser Häuser der 50er und 60er Jahre auf der Deutzer Freiheit. Das älteste Gebäude ist das barocke Stadtpalais von 1778 (Deutzer Freiheit 103). Es war zwischenzeitlich auch einmal Deutzer Rathaus. Nach der Eingemeindung 1888 wird nicht mehr zwei-, drei-, sondern viergeschossig gebaut. Das belegen die Häuser Nummer 106, 110, 112 und 114. Das großartige Entree, das Haus Deutzer Freiheit 113/Justinianstraße ist ein Frühwerk von dem bekannten Kölner Architekten Wilhelm Riphahn (1889-1963). Dieser Eckbau lässt sich nicht auf einen Baustil festlegen. Antike und barocke Gestaltungselemente lassen sich an dem Gebäude ebenso entdecken wie Formen, die dem architektonischen Expressionismus zuzurechnen sind.[14]
Die heutige Deutzer Freiheit bildet als Einkaufsstraße das Zentrum des Stadtteils. Wie viele andere Einkaufsmeilen in Köln hat auch sie damit zu kämpfen, ein attraktiver Treffpunkt zum Flanieren, Einkaufen und Konsumieren zu bleiben. Um dem Allgemeintrend schwindender Urbanität entgegenzuwirken, engagieren sich vor Ort Bürgervereine und -initiativen, Interessensgemeinschaften sowie zahlreiche Akteure aus Politik und Wirtschaft, um das vorhandene Potenzial der Deutzer Freiheit aufrechtzuerhalten. Ziel ist es, Shopping, Kultur, abwechslungsreiche Gastronomie und kommunikatives Verweilen zu verbinden, zu entfalten und zu pflegen. Hierzu gehört der zunehmende Trend in der Stadt, Einkaufsstraßen autofrei zu gestalten. So wird im Sommer 2022 auch die Deutzer Freiheit zur autofreien Zone erklärt, was vorrangig Fußgängern und Radfahrern zugutekommt. Die Testphase ist auf ein Jahr ausgelegt. Man darf gespannt sein, wie das Projekt bewertet wird.

Standort: *Deutzer Freiheit*

Haltestellen: *Deutzer Freiheit,*
Deutz-Lanxess Arena

Kölner Rheinbrücken

Eine viel zu wenig beachtete Attraktion

Sind es nun sieben oder acht Brücken, die in Köln den Rhein queren? Von offizieller Seite sind es acht, denn die im Norden liegende Leverkusener Autobahnbrücke wird als Kölner Rheinbrücke gezählt, weil die Stadtgrenze zu Köln genau in der Flussmitte verläuft und die Brücke halb auf kölnischem Grund steht. Für überzeugte Kölner hingegen sind es sieben und zwar aus mehreren Gründen: Die Leverkusener Brücke fällt schon aufgrund ihres Namens aus dem Rahmen. Außerdem ist sie blau gestrichen und nicht adenauergrün – wie in Köln selbstverständlich (Begründung siehe unten). Und schließlich erinnert der Brückentyp eher an eine Düsseldorfer als an eine Kölner Brücke. Summa summarum zählt man in Köln sieben Rheinbrücken, die das linke und rechte Ufer verbinden.

Woher stammt der Begriff: Adenauergrün?

Auf ausdrücklichen Wunsch von Konrad Adenauer (Oberbürgermeister der Stadt Köln von 1917 bis 1933 und einige Monate des Jahres 1947) wird für die 1929 eingeweihte Mülheimer Brücke eine patinagrüne Farbe von den Bayer-Werken gefertigt. Die Farbe gilt als besonders lichtbeständig und wetterfest. Und so werden alle in städtischem Besitz befindlichen Brücken bis heute in dieser Farbe (nach)gestrichen. Ausnahme: Die Südbrücke und Hohenzollernbrücke zählen nicht dazu, deren Eigentümerin die Deutsche Bahn AG ist.

Der Rhein schiebt sich über vierzig Kilometer Länge durch das Kölner Stadtgebiet. Die für den Verkehr so lebensnotwendigen und bedeutsamen Brücken sind für die Bevölkerung zu einer Selbstverständlichkeit geworden. Der Blick für die Ästhetik, Eleganz und technische Innovation dieser Bauwerke bleibt hierbei auf der Strecke. Zu Unrecht, wie Experten meinen: Sie halten das Kölner Brückenensemble für weltbedeutend und nennen es in einem Atemzug mit New York, Paris oder London.

Jede der Kölner Rheinbrücken hat ihre eigene Geschichte, Bauart und unverwechselbare Identität. Sie entsprechen in technischer und architektonischer Hinsicht dem jeweiligen Zeitgeist, in Stil und Form sind sie aber zeitlos. Darüber hinaus haben die Kölner Brücken symbolischen Charakter: Sie verbinden das linksrheinische Köln mit der rechten Rheinseite und überwinden damit die jahrhundertelang währende Rivalität und Konkurrenz beider Regionen. Der Rhein ist keine Trennlinie oder natürliche Grenze mehr, sondern zentraler Mittelpunkt eines gemeinsam pulsierenden Kölns.

Die Kölner Brückenverbindungen ermöglichen den täglichen Uferwechsel von rund 500.000 Fahrzeugen und mehr als 4.000 Zügen – Tendenz steigend. Das hat seinen Preis: Unter der wachsenden Verkehrsdichte

Die Kölner Band **Bläck Fööss** hat im Jahr 2013 den Song »Kölsche Bröck« herausgebracht – eine Hommage an die Kölner Rheinbrücken. Darin heißt es unter anderem:

Ich ben en kölsche bröck,
övver die half Kölle jöck
Ich hald minge Puckel hin
Für üch he am Rhing.
und
Off jenoch deit mer der Rögge wieh,
Un des ovends kann ich nit mieh.
Manchmal weed mer dat allzu viel,
Doch wer kann su wie er will?

Das ganze Lied gibt es hier: Bläck Fööss – Kölsche Bröck 2013 – YouTube

und den damit verbundenen Umweltbelastungen leiden zunehmend Mensch und Material. In den kommenden Jahren müssen sukzessive fast alle Brücken saniert werden. Zusätzliche umweltschonende Rad- und Fußgängerbrücken und/oder -unterführungen sind in der Diskussion.

Abgesehen von der Rodenkirchener Brücke im Süden von Köln und der Mülheimer Brücke nördlich von Deutz, verbinden fünf der sieben Kölner Rheinbrücken linksrheinische Stadtteile mit dem rechtsrheinischen Innenstadtbezirk Deutz. Kaum vorstellbar, dass das jemals anders war, und doch: Fast 900 Jahre lang – von der ersten konstantinischen Brücke 310 bis zur Deutzer Schiffbrücke 1822 müssen die Kölner ohne befestigten Rheinübergang auskommen.

Für Deutz bedeuten die fünf Rheinübergänge eine hervorragende Verkehrsanbindung. Die Kehrseite der Medaille: Mit Beginn des Brückenbaus müssen weite Teile der ehemaligen Bebauung am rechten Rheinufer geopfert werden. Zusätzlich sorgen Abbrüche in der NS-Zeit, als Deutz einem gigantischen Gauforum weichen soll, sowie Kriegszerstörungen für das endgültige Aus der Deutzer Altstadt. Insgesamt fünf Gassen, die bis zum Rheinufer führen, werden ab den 1930er Jahren mitsamt der rechten Häuserzeile der Siegburger Straße und dem Beginn der Deutzer Freiheit abgerissen. Die Narben des nicht gerade zimperlichen Eingriffs in das Deutzer Stadtbild sind noch heute, vor allem südlich der Deutzer Brücke unübersehbar.

Römerbrücke

Den ersten Brückenschlag wagt Kaiser Konstantin der Große circa 300 Jahre nach der Gründung des antiken Kölns (CCAA), ungefähr dort, wo heute die Deutzer Brücke steht. Eine wahre Meisterleistung römischer Ingenieure. Die beiden Rheinufer werden durch eine Brücke mit Strompfeilern aus Werkstein verbunden, dazwischen sind Holzbinder gespannt. Einige dieser Strompfeiler sind durch Ausgrabungen archäologisch nachgewiesen und im Römisch-Germanischen-Museum ausgestellt.

Die erste befestigte Brücke Kölns existiert rund 100 Jahre. Nach dem Abzug der Römer und der darauffolgenden fränkischen Eroberung verfällt die Brücke zusehends. Die neuen Machthaber haben kein Interesse mehr an dem befestigten Rheinübergang: Die Römer-, auch Konstantinbrücke genannt, wird im 10. Jahrhundert gänzlich zerstört, woraufhin über viele Jahrhunderte der Rhein nur via Fähre überquert werden kann.

Deutzer Schiffbrücke

Ab dem 17. Jahrhundert tauchen in Köln erste sogenannte fliegende Brücken (Gierponten) auf. Deren Technik entspricht aber weiterhin eher dem Fährbetrieb, denn einer Brückenkonstruktion. Lange wehren sich die Fährbetreiber auch gegen eine feste Brücke in Köln, denn dies bedeutet den Wegfall ihrer Einnahmen. Das Ende des Fähren-Monopols ist jedoch absehbar, nachdem das Rheinland 1815 Preußen zugesprochen wird. Eine der ersten Maßnahmen der neuen Machthaber ist die umfassende Befestigung von Köln und Deutz sowie eine feste Verbindung zwischen den beiden Städten. Die Militärs errichten auf Anweisung des preußischen Königs Friedrich Wilhelm III (1770-1840) – wiederum in Höhe der heutigen Deutzer Brücke – eine Pontonbrücke. Sie besteht aus 40 aufgereihten und miteinander verbundenen Nachen, also Booten. Am 16. November 1822 wird die Schiffbrücke feierlich eingeweiht und

Konstantin- beziehungsweise Römerbrücke

macht Deutz zu einem idyllischen Ausflugsort. Der neu geschaffene feste Rheinübergang zwischen Köln und Deutz, der bis 1915 erhalten bleibt, findet hüben wie drüben großen Anklang bei der Zivilbevölkerung, auch wenn die Brücke dreimal am Tag für den Schiffsverkehr geöffnet und für Passanten wieder geschlossen werden muss. Das nimmt die Bevölkerung aber gern in Kauf, zumal der Puppenspieler Franz Andreas Millowitsch mit seinem kleinen ambulanten Theater am Deutzer Ufer dafür sorgt, dass die Wartezeiten schnell vorübergehen. Des Puppenspielers Nachfahren eröffnen übrigens später ein festes Theater in Köln: das beliebte Volkstheater Millowitsch.

Beliebt sind auch die auf der Schiffsbrücke stattfindenden Sonntagskonzerte der in Deutz stationierten Preußischen Garnison sowie das Deutzer Schützenfest. Dann ist der Andrang auf der Brücke besonders groß. Das Volksfest findet traditionell auf der Festwiese Vogelsrut am toten Rheinarm Schnellert statt.

Als weiteren Freizeitspaß wird 1824 ein fest verankertes Badeschiff an die Deutzer Schiffbrücke angebaut. Im Inneren befinden sich 16 Wannen sowie Umkleide- und Aufenthaltsräume. Gebadet wird streng nach preußischer Badeordnung: Männer und Frauen getrennt.

Schiffbrücke Deutz

Neben dem Amüsement beflügelt die Deutzer Schiffbrücke den Handel, die Wirtschaft und den Verkehr, sodass recht schnell eine Diskussion über eine feste Rheinbrücke einsetzt. Der Handel fordert einen Übergang in der Nähe des Heumarkts. Die Eisenbahngesellschaften favorisieren eine Brücke weiter nördlich, in der Höhe des Doms, dort, wo zwei Kopfbahnhöfe (linksrheinisch der Centralbahnhof, rechtsrheinisch der Deutzer Bahnhof) existieren. Die Bahngesellschaften setzen sich schließlich durch.

Dombrücke (Muusfall)

Unter finanzieller Beteiligung der Stadt Köln erbaut die Cöln-Mindener-Eisenbahn-Gesellschaft (CME) in den Jahren 1855 bis 1859 die erste feste Kölner Brücke der Neuzeit über den Rhein, die sogenannte Dombrücke. Sie ist eine stählerne Gitterträgerbrücke, konstruiert als sogenannte multifunktionale Brücke, die dem Eisenbahn- und Straßenübergang dient. Aus militärischen Gründen ist sie sogar mit verschließbaren, eisernen Toren ausgestattet. Aufgrund ihrer käfigartigen Konstruktion wird sie von der Bevölkerung »Mausfalle«, kölsch: »Muusfall«, genannt.

Die Dombrücke bildet zum einen ein Symbol technisch-industrieller und wirtschaftlicher Leistungsfähigkeit und repräsentiert damit eindrucksvoll das Zeitalter der beginnenden Industrialisierung. Zum anderen dient sie dem preußischen Staat als Repräsentationsobjekt. Architektonisch und stilistisch folgt sie der im 19. Jahrhundert grassierenden Burgenromantik: Die beiden Brückenköpfe werden mit imposanten Portalbauten und Türmen gestaltet. Auf der Kölner Brückenseite wird ein Reiterstandbild des Hohenzollernkönigs Friedrich-Wilhelm IV. aufgestellt und das des späteren Kaiser Wilhelms I. wird auf der rechtsrheinischen Deutzer Seite platziert. Brückenstandort, Denkmäler und Architektur können so als deutliches Zeichen des preußischen Anspruchs auf das Rheinland interpretiert werden.

Mit dem sich immer deutlicher abzeichnenden wirtschaftlichen Aufschwung nimmt der Verkehr auf der Dombrücke stetig zu und irgendwann ist die Brücke den Anforderungen nicht mehr gewachsen. Die Muusfall muss weichen und wird in der Zeit von 1907 bis 1911 auf Anweisung der königlich-preußischen Eisenbahnverwaltung in Zusammenarbeit mit der Stadt Köln von einer größeren modernen Brücke ersetzt, der Hohenzollernbrücke.

Dombrücke (Muusfall)

Hohenzollernbrücke

Mit dieser Brückenkonstruktion beginnt die Ära der Bogenbrücken hierzulande. Drei mächtige, 31 Meter hohe, Eisenfachwerkbögen überspannen den 400 Meter breiten Rhein. In der Dimension der Hohenzollernbrücke ist ein solches Konstrukt zuvor noch nie gefertigt worden. Die Brücke wird zum Exportschlager. Unter dem Namen »Deutsche Brücke« wird sie weltweit nachgebaut.

Die Hohenzollernbrücke hat sich in den über hundert Jahren ihres Bestehens gestalterisch oft verändert und dennoch immer das Bild gewahrt. Zu Beginn besteht sie aus drei Brückenteilen, auf denen vier Eisenbahngleise und eine Straße nebeneinander liegen. Auf beiden Uferseiten ist sie mit monumentalen Portalbauten und Türmen verziert. Sie vermitteln einen robusten und wehrhaften Charakter, ihr neoromanischer Stil steht aber in starkem Kontrast zum gotischen Dom.

Im Zweiten Weltkrieg hat die Hohenzollernbrücke im Gegensatz zu anderen Kölner Brücken nur geringen Schaden genommen. Um den Einmarsch der Alliierten zu verhindern, sprengt die deutsche Wehrmacht jedoch 1945, zwei Tage vor dem offiziellen Kriegsende, die Brücke.

Der Wiederaufbau in den 1950er Jahren erfolgt nur noch für zwei Eisenbahnspuren mit zunächst sechs Brückenbögen. Als Ersatz für die nicht mehr hergestellte Straßenbrücke ergänzen nun Geh- und Radwege die äußeren Eisenbahnbrücken. Die Portalbauten und Türme der Hohenzollernbrücke werden nicht wieder hergestellt. Die noch teilweise erhaltenen, aber ruinösen Teile der Steinbauten werden abgetragen. Lediglich die Reiterstandbilder erinnern noch an die aus Kaiserzeiten stammende Brückenarchitektur. Sie werden aufwendig restauriert und instandgesetzt.

1959 wird die Hohenzollernbrücke wieder auf vier Gleise erweitert. Dreißig Jahre später lässt die Deutsche Bahn auf der Nordseite ein weiteres Gleispaar für den S-Bahn-Verkehr bauen und vergrößert den neuen Brückenzug um drei weitere Bögen. Zum gleichen Zeitpunkt werden ältere Teile der Brücke saniert, wobei insgesamt 27.000 Bauteile ausgebaut und neu angestrichen werden. Heute zählt die Hohenzollernbrücke mit 1.200 Zügen täglich zu den meistbefahrenen Eisenbahnbrücken der Welt.

Der Bau und die Fertigstellung der Hohenzollernbrücke ist gleichzeitig auch die Geburtsstunde des Kölner Panoramas. Die Symbiose aus Dom und Brücke, der Blick auf die Altstadt, Groß St. Martin, das Museum Ludwig sind ein beliebtes Fotomotiv und locken Zigtausende Menschen, Einheimische wie Touristen, ans Deutzer Rheinufer.

Vor mehr als 15 Jahren haben Liebespaare die Hohenzollernbrücke entdeckt. Als Zeichen ihrer Verbundenheit hängen sie Vorhängeschlösser an das Brückengeländer und werfen die dazugehörigen Schlüssel in den Rhein. Wer an dem damit verbundenen ewigen Treueschwur Zweifel hegt, der sollte dem Rat einer kölschenen Band Höhner folgen, die in ihrem Schlager »Schenk mir dein Herz« dazu raten, immer »nen Zweitschlüssel« dabei zu haben. Die Schlösser sind zur Touristenattraktion geworden. Sie wiegen mittlerweile mehr als 20 Tonnen. Nach Meinung von Experten wird die Statik der Brücke dadurch jedoch nicht beeinträchtigt.

Und noch eine andere Besonderheit hat die Brücke auf Deutzer Seite zu bieten: eine Kletteranlage. Wem es zu einfach ist, die Treppe am rechtsrheinischen Brückenkopf zum Reiterdenkmal von König Friedrich Wilhelm IV. zu nehmen, der kann auch die Wände hochklettern. Ein bisschen Übung und Erfahrung in der Kletter- und Sicherheitstechnik kann dabei nicht schaden. Das Klettern am »Naturfels« ermöglicht der Kölner Alpenverein mit Erlaubnis der Stadt Köln. Der Verein kann sich rühmen, die einzige frei zugängliche Kletteranlage an einem historischen Baudenkmal in Deutschland zu betreiben.

Südbrücke

Zeitgleich mit der Hohenzollernbrücke entsteht die Südbrücke. Sie verbindet den Kölner Stadtteil Bayenthal mit Deutz/Poll und bildet gleichzeitig die Grenze zwischen Deutz (nördlich) und Poll (südlich). Im April 1910 wird die Brücke eingeweiht. Von einer Einweihungsfeier wird allerdings abgesehen, da zwei Jahre zuvor bei der Erstellung des mittleren Bogens ein schwerer Unfall acht Arbeitern das Leben gekostet hat.

Die zweigleisige Südbrücke entspricht exakt dem Zeitgeist: Nackter Stahl wird als hässlich empfunden, sodass sie mit steinernen Elementen kombiniert wird. Bestehend aus Stahl, pfälzischem Sandstein und Fachwerkbögen gilt das Bauwerk wegen seiner Brückentürme bis heute als Rarität. In diesen befinden sich über viele Jahre große Wach- und Waffenstuben. 536 Meter lang und nur 14,55 Meter breit ist die Südbrücke auf einem jeweils etwa 3,50 Meter breiten Gehweg auf beiden Seiten für Fußgänger und Radfahrer begeh- beziehungsweise befahrbar.

Die von der Königlich-Preußischen Staatseisenbahn für den Güterverkehr errichtete und heute unter Denkmalschutz stehende Brücke ist eisenbahngeschichtlich ein wichtiger Baustein für die Ausgestaltung des Eisenbahnknotens Köln. Mit ihren drei Fachwerkbögen aus Stahl wirkt die Südbrücke ein wenig wie die kleine Schwester der mächtigen Hohenzollernbrücke. Die Ähnlichkeit der beiden Eisenbahnbrücken ist nicht zu übersehen. Allerdings zählt die Südbrücke nicht zu den typischen Bogenbrücken, sondern wird dem Typus Gelenkbrücke zugeordnet. Am 5. April 1910 wird sie offiziell in Dienst gestellt.

Von Kriegszerstörungen ist die Brücke lange verschont geblieben. Erst im Januar 1945 wird sie schwer beschädigt. Der Wiederaufbau dauert bis 1950, wobei im Gegensatz zur vermeintlich großen Schwester, der Hohenzollernbrücke, die Brückentürme bis auf die Dachaufbauten erhalten bleiben. 1994 wird die Brücke teilerneuert.

Nach Ansicht von Architekturhistorikern ist die Südbrücke von überragender Bedeutung für die Geschichte des Stahlbaus und des Ingenieurwesens. Vom einst in einer besonders ereignisreichen Phase der Eisenbahngeschichte dominierenden Bogenbrückentyp sind nur noch wenige Exemplare überliefert.[15]

Wolfgang Niedecken hat sich in dem BAP-Song auf der Südbrücke seinen Träumen hingegeben:

Op dä Südbröck stonn ich off Stunde,
immer widder luhr ich dä Möwe
und dä Schleppkähn noh,
loss ming Jedanke frei.

BAP - Met Wolke schwaade!

Deutzer Hängebrücke

Mitten im Ersten Weltkrieg entsteht in den Jahren 1914/15 zwischen Köln und Deutz eine neue Brücke: die Deutzer Hängebrücke. Das moderne Bauwerk aus Nickelstahl ersetzt die Deutzer Schiffbrücke: 369 Meter lang, die Aufbauten über 8.000 Tonnen schwer. Für diese Brücke haben die Deutzer 40 Jahre gekämpft. Eigentlich soll sie Siegesbrücke heißen, aber nach dem verlorenen Ersten Weltkrieg bleibt es zunächst bei Deutzer Hängebrücke. Ab 1940 heißt sie dann Hindenburgbrücke, benannt nach dem Reichspräsidenten Paul von Hindenburg.

Bei den großen Bombenangriffen 1945 auf Köln wird die Hindenburgbrücke mehrmals getroffen, bleibt aber intakt. Den abziehenden deutschen Truppen und dem massiven Versorgungsverkehr hält sie aber schließlich nicht stand und bricht bei Reparaturarbeiten im Februar 1945 in sich zusammen. Viele Menschen kommen dabei ums Leben, wie viele ist nicht bekannt.

Behelfsbrücken nach dem 2. Weltkrieg

Nach der Befreiung durch die Alliierten errichten US-Einheiten bereits in der zweiten Aprilhälfte 1945 eine Stelzenbrücke als Behelf. Sie steht direkt neben den Trümmern der Hindenburgbrücke und ist benannt nach dem amerikanischen General Lesley McNair (1883-1944). Die Behelfsbrücke ist eine sogenannte Pfahljochbrücke, verfügt über zwei Fahrspuren und einem Fußgängersteg. Wegen ihrer vielen Holzpfähle wird sie von den Kölnern auch Tausendfüßler-Brücke genannt.[16]

Im Frühjahr 1946 wird die Amerikaner-Brücke durch eine Engländer-Brücke abgelöst. Sie führt linksrheinisch in Höhe der »Bastei« (einem alten Wachturm der preußischen Festungsmauer am Rhein) zum Auenweg in Deutz und wird nach dem US-General George Smith Patton (1885-1945) benannt. Sie verfügt über zwei Fahrbahnen, zwei Fußgängerwege und einen Radweg. Außerdem bietet sie Raum für eine Buslinie. Nach der Fertigstellung der neuen Mülheimer Brücke 1951 wird auch die zweite Behelfsbrücke demontiert.

Deutzer Brücke

Anstelle der alten Ketten-Hängebrücke entsteht in Jahren 1947/48 eine schlanke Balkenbrücke. Sie ist streng genommen kein Wiederaufbau, sondern eine Neukonstruktion auf den intakten Pfeilern der Hindenburgbrücke. Die Deutzer Brücke verbindet die Kölner Altstadt mit Deutz und zwar etwa 150 Meter südlich vom einstigen Standort der Römerbrücke entfernt. Sie wird von den Ingenieuren Fritz Leonhardt (1909-1999) und Louis Wintergerst (1913-1977) sowie dem Architekten Gerd Lohmer (1909-1981) konzipiert.

Als allgemein erste Stahlkastenträgerbrücke entwickelt, entscheiden sich die Erbauer der neuen Deutzer Brücke für ein flache Konstruktion, um den Blick auf den Dom nicht zu verstellen. Bei einer Fahrbahnbreite von 11,5 Metern werden vier Fahrspuren angelegt. Nach ihrer Fertigstellung sorgt sie international für Begeisterung.

Aufgrund des rasant anwachsenden Verkehrsaufkommens wird neben der 437 Meter langen Brücke zwischen 1976 und 1980 eine zweite Brücke gebaut. Weil sich inzwischen Beton als Baumaterial durchgesetzt hat und wesentlich billiger ist, fällt die Entscheidung dieses Mal auf eine Stahlbetonkonstruktion. Damit der Unterschied zur alten Brücke nicht auffällt, werden die Betonteile so gestaltet, dass sie wie ein Stahlkasten aussehen. Der sogenannte Brückenzwilling wird südlich der vorhandenen Brücke fertiggestellt und anschließend an die alte Brücke herangeschoben. Die Stadtbahn erhält in der Mitte der Brücke einen Gleiskörper.

Die neu angebaute Brückenkonstruktion ist innen hohl und bildet drei fensterlose Räume, in denen immer wieder Kunstinstallationen, Konzerte oder Ausstellungen stattfinden. In einem dieser Räume hat die Aktionskünstlerin und Schauspielerin Elke Koska 15 Jahre gelebt.

Severinsbrücke

Mitte der 1950er Jahre schauen die Menschen nach den Kriegsereignissen wieder optimistisch in die Zukunft und denken darüber nach, neue Brücken in Köln zu bauen, unter anderem auch deshalb, weil die Deutzer Brücke als einzige Straßenverbindung über den Rhein im Bereich Innenstadt mittlerweile ausgelastet ist. Es soll der erste vollständige Brückenneubau in Köln nach dem Zweiten Weltkrieg werden. Im Mai 1954 beschließt der Rat der Stadt Köln den Verlauf der neuen Brücke zwischen der südlichen Altstadt und Deutz. Eine Vorgängerquerung gibt es an dieser Stelle nicht. 573 Grundstücke muss die Stadt links- und rechtsrheinisch dafür aufkaufen. Im Mai 1956 beginnen die Bauarbeiten. Die Gestaltung der 691 Meter langen und 29,5 Meter breiten Schrägseilbrücke, die den Namen des heiligen Severin bekommt, überrascht mit einem noch nie gesehenen asymmetrisch platzierten Dreieckspylon – dem sogenannten A-Pylon.

Vier Monate nach Baubeginn kommt es zu einem tragischen Unfall, bei dem mindestens fünf Arbeiter tödlich verletzt werden. Das Unglück überschattet die weiteren Bauarbeiten und ist bis heute im Gedächtnis vieler Kölner.

Am 7. November 1959 wird die Severinsbrücke in Anwesenheit von Bundeskanzler Konrad Adenauer eröffnet. Nicht wenige sagen, das A im Kölner Panorama sei ihm gewidmet. Mit dem Bau der Severinsbrücke wird ein entscheidender Grundstein bei der Zusammenführung von Köln und seinen eingemeindeten, rechtsrheinischen Stadtteilen gelegt. Bei der Planung und Brückengestaltung wird nicht nur auf das Stadtbild und den Dom, sondern auch auf die Schifffahrt und die angrenzenden Häfen Rücksicht genommen. So muss die Severinsbrücke einerseits die Einfahrt in den Deutzer Hafen überspannen und andererseits sollen Pfeiler und Pylon die Sicht auf den Dom nicht beeinträchtigen. Der von dem Architekten Gerd Lohmer entworfene A-förmige Pylon wird den Anforderungen vollumfänglich gerecht.

Die Severinsbrücke gilt als die Schönste im Kölner Brückenensemble. Sie erhält 1967 den Kölner Architekturpreis und wird zur neuen Attraktion für Köln. Am 22. März 1997 führt eine Kunstinstallation auf der Severinsbrücke zu einer öffentlichen Kontroverse. Auf dem Pylon der Brücke wird die von dem Objekt- und Aktionskünstler H. A. Schult gestaltete »Weltkugel« montiert. Der Verbleib des Kunstobjekts ist für wenige Monate geplant, bleibt aber schließlich bis ins Jahr 2000 auf der Brücke installiert. Danach wird die konstruktiv überarbeitete »Weltkugel« mit dem Hubschrauber von der Severinsbrücke zum heutigen Standort auf dem Dach der DEVK-Zentrale geflogen.

Zoobrücke

Die Zoobrücke ist die jüngste der Kölner Rheinbrücken. Aufgrund des stark wachsenden Verkehrsaufkommens in den 1950er Jahren wird im Juli 1962 der Bau einer weiteren Brücke vom Rat der Stadt Köln beschlossen. Den Zuschlag für seinen Entwurf bekommt wieder der Kölner Architekt Gerd Lohmer (siehe Severinsbrücke und Deutzer Brücke). Auch Fritz Leonhardt ist wieder an der Planung beteiligt. Mit der Zoobrücke entsteht die am weitesten gespannte Kastenträgerbrücke der Welt, mit nur einem Hauptlager. Dennoch kommt die Brücke, die 1966 eingeweiht wird und ihren Namen durch einen Leserwettbewerb einer Kölner Tageszeitung erhält, eher unspektakulär daher. Die Länge der Stahlkonstruktion beträgt 597 Meter, werden die beiden Auffahrten hinzugerechnet, ergibt sich eine Gesamtlänge von 2,6 Kilometern. Weil auf Leichtbau gesetzt wird, schwingt die Brücke je nach Wetter- und Verkehrslage unterschiedlich stark.

Durch die tragenden Hohlkästen ist es möglich, die Zoobrücke im Inneren unter der Fahrbahn zu begehen. Das regt immer wieder zu besonderen Kunstaktionen im Brückeninneren an. Eine Besonderheit stellt die Überquerung der Brücke durch die Kölner Rheinseilbahn dar. Sie pendelt zwischen Deutzer Rheinpark und dem linksrheinischen Zoo. Seit der Bundesgartenschau 1957 in Betrieb, ist sie den Brückenplanern allerdings im Weg und soll 1962 abgebaut werden. Öffentlicher Widerstand führt zu einer Neuplanung, sodass die Gondeln der Rheinseilbahn bis heute die Zoobrücke in spitzem Winkel queren.

Wie alle Kölner Brücken ist auch die Zoobrücke grün angestrichen. Wünsche von Architekten, die Brücke rot zu streichen, haben sich nicht durchgesetzt. Und das wird wohl auch so bleiben, denn: alle städtischen Brücken stehen unter Denkmalschutz – außer der Zoobrücke, aber das ist wohl nur eine Frage der Zeit. Erstmalig wird die grüne Farbe für die Mülheimer Brücke verwendet. In den Jahren darauf folgen die anderen – gemäß dem kölschenen Grundgesetz: »Beim ersten Mal wird es ausprobiert, beim zweiten Mal wird es Tradition und beim dritten Mal Brauchtum!«

Man könnte meinen, mit der ausführlichen Darstellung der Kölner Rheinbrücken sei deren Geschichte und Funktion hinreichend beschrieben. Aber die Kölner beziehen die Brücken in ihr Alltagsleben ein und das ist weit mehr als der reibungslose Wechsel von Ufer zu Ufer. Sportler, wie Radfahrer, Brückenläufer und -kletterer, fühlen sich durch sie beflügelt. Auf Kölns Brücken wird demonstriert, zelebriert und gefeiert.

Zum Verweilen laden die Brücken allerdings noch nicht ein. Ideen für künftige Brückenschläge bilden aber genau diesen Funktionswandel bereits ab. Im städtebaulichen Masterplan von 2007 entdeckt der Architekt Albert Speer Jr. (1934-2017) eine neue Langsamkeit. Zwei reine Fußgängerbrücken sollen die Enden der Ringe mit den Wiesen und Parks auf der anderen Rheinseite verbinden. Bislang noch unvorstellbar, aber denkbar wäre auch, dass künftige Generationen in sogenannten Häuserbrücken wohnen und arbeiten. Der Ingenieur Stefan Polóny schlägt zwei Living-Bridges über den Fluss vor, Symbole für die Einheit von Köln und die Schäl Sick.

Welche Vision nun Wirklichkeit wird und welche ein Luftschloss bleibt, wird davon abhängen, wie groß der Wille der Stadt Köln ist, das vorhandene Potenzial zu nutzen und umzusetzen. Das Panorama der Stadt wird sich dann vielleicht noch mal stark verändern.[17]

Der Film von **Hermann Rheindorf** ist ein eindrucksvolles Zeitdokument über die Architektur und Bedeutung der Kölner Rheinbrücken sowie deren Zerstörung und Wiederaufbau nach den beiden Weltkriegen. Trailer hier:

Chronik der Kölner Rheinbrücken im Film – YouTube

KölnTriangle

Hochhaus mit phantastischem Panoramablick

»Luur ens vun Düx noh Kölle, vum Zauber bes do platt«, schwärmt Ludwig Sebus in seinem Schlager von 1971. Das darin besungene Potenzial von Deutz und des rechten Rheinufers wird allerdings erst Jahrzehnte später ganz ausgeschöpft. So punktet heute die große Freitreppe am Rheinboulevard mit dem wunderschönen Blick auf die Kölner Altstadtsilhouette. Und wer die Aussicht auf ganz Köln und seine Umgebung genießen möchte, lässt sich mit dem Aufzug in 40 Sekunden auf die 29. Etage des KölnTriangle befördern, von wo aus dem Besucher die Welt winzig klein zu Füßen liegt. Die Aussichtsplattform ist rundum verglast und an den Wänden weisen Orientierungstafeln auf Sehenswürdigkeiten, zentrale Gebäude, Orte und Landschaften hin.

Die Musikband **De Kölsche Adler** haben zusammen mit **Ludwig Sebug** den oben genannten kölschen Schlager neu aufgenommen: »Et Rheinpanorama«

Zu hören hier:

Kölsche Adler feat. Ludwig Sebus – Et Rheinpanorama (Luur ens vun Düx noh Kölle) – YouTube

Das Hochhausgebäude selbst wird ob seiner Architektur mehrfach ausgezeichnet, wirkt an seinem Platz aber etwas einsam. Kein Wunder, denn als Einzelkind ist das Gebäude Mitte der 1990er Jahre gar nicht vorgesehen. Im Rahmen eines Masterplans der Stadt Köln wird vielmehr geplant, um den Ottoplatz herum ein Ensemble fünf unterschiedlicher »Geschwister Hochhäuser« zu bauen. Das allerdings ruft die UNESCO auf den Plan. Gerade als der Rohbau des ersten 103,2 Meter hohen Triangle-Hochhauses steht, setzt die Organisation den Kölner Dom auf die rote Liste des gefährdeten Welterbes. Dort bleibt die weltberühmte Kathedrale zwei Jahre mahnend platziert, bis 2006 ein Höhenkonzept von der Stadt Köln erstellt wird, welches zum Schutz der Domsilhouette eine Pufferzone auf beiden Rheinseiten definiert. Der ambitionierte Plan von »Downtown Deutz« landet in den Schubladen.

Eigentlich will Köln seit jeher hoch hinaus. Und mitunter ist der Stadt dies auch gelungen: Mit dem Dom hatte die Rheinmetropole 1880 das höchste Gebäude der Welt. Das Hansahochhaus war 1924 das höchste Bürohaus Europas und das Colonia-Hochhaus 1973 das höchste Wohnhaus des Kontinents. Und dennoch – Köln tut sich schwer mit dem Bau von Hochhäusern. Immer wieder gibt es Konzepte, wie es gehen könnte. Zum Beispiel das von Werner Becker, Baudezernent der Stadt in den 1970er Jahren. Becker entwickelt das erste gesamtstädtische Hochhauskonzept mit dem sogenannten Schlüsselprinzip. Demnach soll die Innenstadt sowie das linksrheinische Rheinpanorama von weiteren Hochhäusern freigehalten werden und eine begrenzte Anzahl an Hochhäusern an den Ausfallstraßen entstehen. Bis heute versucht man allerdings, davon abzuweichen, bisher allerdings mit mäßigem Erfolg, wie etwa das Projekt »Downtown Deutz« zeigt.

Der Name KölnTriangle leitet sich vom Grundriss des Towers ab: einem Dreieck (Triangle) mit bogenförmigen Kanten. Das von den Architekten Gatermann + Schossig entworfene Hochhaus wird zusammen mit dem Horion-Haus des Landschaftsverbandes Rheinland (LVR) gebaut. Beide Gebäude sind miteinander verbunden. Als Anlageobjekt der Rheinischen Versorgungskasse konzipiert und realisiert, wird das Hochhaus anfangs auch LVR-Hochhaus genannt, denn der Landschaftsverband Rheinland ist Träger. Die derzeitigen Mieter (2021) sind: Rheinland Kultur GmbH (Betreiber der Aussichtsplattform), KölnSky (Event- und Konferenzort), Gebäudewirtschaft der Stadt Köln, Praxis für Diagnostische Radiologie und Nuklearmedizin, Mongo's (Konzept Restaurantkette) und ein Betriebs Café (früher öffentlich zugänglich). Wegen seiner exponierten Lage

Köln-Triangle-Hochhaus

und Aussicht nutzen Fernsehsender wie RTL oder WDR die Räumlichkeiten des KölnTriangle immer wieder gern für ihre Produktionen und Dreharbeiten.

Das Interieur des Gebäudes besticht durch ein farblich modernes Designkonzept. Charakteristisch hierbei ist die Verwendung starker Farben. So sind zum Beispiel alle Weg-Punkte, die zum Kern des Hochhauses und dann nach oben führen, im gleichen Limonen-Grün gehalten.[18] Das Konzept wird auch für die Kunst am Bau aufgenommen.

Vor dem Hochhaus befindet sich eine über 10 Meter hohe Wasserskulptur des aus Köln stammenden und in New Yorker lebenden Künstlers Rainer Gross. Das Kunstwerk trägt den Namen Deutz Twins, weil die Wasserinstallation mit dem eigens dazu angelegten zehn Meter schmalen länglichen Becken eine spiegelnde Einheit bildet. Im Eingangsbereich ist ebenfalls eine von Gross gestaltete Wandmalerei installiert, auf der ein kurzer Abriss der Deutzer Geschichte abgebildet ist.

Unter »**Kunst am Bau**« wird eine Verpflichtung des Bauherrn verstanden, aus seinem baukulturellen Anspruch heraus einen gewissen Anteil (meist 1 Prozent) der Baukosten öffentlicher Bauten für Kunstwerke zu verwenden. Hierfür gibt es beim Bund und den Ländern entsprechende Regelungen. Kunst am Bau ist grundsätzlich öffentlich zugänglich und dauerhaft präsent. Weitere Informationen unter: BBR – Kunst am Bau (www.bund.de)

Standort: *Ottoplatz 1*

Haltestellen: *Bf Köln Messe/Deutz*

Landeshaus Köln

Reminiszenz an die Bauhaus-Ära

Die Rivalität zwischen Köln und Düsseldorf ist legendär. Angeblich historisch und wirtschaftlich begründet, wird sie zuweilen aber dermaßen folkloristisch überstrapaziert, dass die gegenseitigen Witzeleien nur noch ein müdes Lächeln hervorrufen.

Richtig Zoff zwischen den beiden Rheinmetropolen gibt es dann doch hin und wieder. Wenn zum Beispiel mit einer lang bestehenden Tradition gebrochen wird. So geschehen im Jahr 1957. Damals wird nach einer missliebigen und kontroversen Diskussion beschlossen, das Landeshaus des Landschaftsverbandes Rheinland (LVR) von Düsseldorf nach Köln zu verlegen. Ein Fauxpas für die Landeshauptstadt, denn seit 1826 kommen dort die Provinziallandtage, Organe und Symbole der rheinischen Selbstverwaltung zusammen – und nun das.

Nach der Entscheidung machen sich die Architekten Eckhard Schulze-Fielitz und Ernst von Rudloff unter Mitarbeit von Ulrich Schmidt von Altenstadt daran, Pläne für das Landeshaus Köln zu entwerfen. Als Standort stellt die Stadt Köln das Grundstück des im Zweiten Weltkrieg zerstörten Hauses der Rheinischen Geschichte an der Deutzer Uferpromenade zur Verfügung. Es entsteht ein Gebäude im Stil der Moderne, das in den Jahren 1956 bis 1959 fertiggestellt und ab da als Hauptgebäude vom Landschaftsverbandes Rheinland genutzt wird. Zum gleichen Zeitpunkt wird der Verwaltungssitz von Düsseldorf nach Köln verlegt.

Der Architektenentwurf orientiert sich an den funktionalen Gestaltungsprinzipien des Bauhauses in der Linie des Architekten Ludwig Mies van der Rohe (1886-1969). Der Stahlbetonbau in Skelettbauweise ist 1960 bezugsfertig. Auffällig ist das im Erdgeschoss errichtete Stützensystem im Raster von sieben mal sieben Meter, welches dazu dient, den Blick unterhalb des Gebäudes hindurch auf den Rhein freizugeben. Typische Elemente des Bauhauses lassen sich in der Vorhangfassade aus Glas und Aluminium erkennen sowie in den in den Brüstungen befestigten blaugrünen Platten und den verglasten Wandelhallen an der Nord- und Südseite. Das Gebäude ist umrahmt von einer Grünanlage, die von der Mindener Straße bis zum Kennedy-Ufer reicht. 1987 wird das Gebäude von der Stadt Köln in die Denkmalsliste eingetragen, als Beispiel für die avantgardistische bundesrepublikanische Architekturströmung der Nachkriegszeit.

Obwohl der **Landschaftsverband Rheinland (LVR)** mit insgesamt 20.000 Beschäftigten einer der größten Arbeitgeber in Köln ist, kennen ihn nur wenige Menschen. Dabei ist der Kommunalverband Träger von zehn Kliniken, 41 Schulen und zahlreichen Museen, unter anderem gehören das Landesmuseum Bonn dazu, die beiden Freilichtmuseen in Lindlar und Kommern sowie das Max Ernst Museum in Brühl. Der LVR vereint unterschiedliche Dienstleistungen. Er ist ein sehr komplexes Gebilde mit vielfältigen Aufgaben und Verpflichtungen und Kostenträger für Leistungen für Menschen mit Behinderungen für rund 9,6 Millionen Bürger im Rheinland. (www.lvr.de)

Zum Landschaftsverband Rheinland gehören: 12 Kreise, 13 kreisfreie Städte und ein Kommunalverband besonderer Art (Zusammenschluss aus einem Landkreis und einer kreisfreien Stadt). Diese liegen alle in den Regierungsbezirken Düsseldorf und Köln.

Auf der Rasenfläche hinter dem Landeshaus befindet sich das Denkmal der Grauen Busse. Auf den ersten Blick wirkt das Mahnmal seltsam: Ein Bus, in der Mitte in zwei Hälften aufgeschnitten, aus Beton, massiv und grau. Ohne Erläuterung erschließt sich das Denkmal nicht. Auch die Inschrift gibt zunächst Rätsel auf: „WOHIN BRINGT IHR UNS? 1940 /1941".

Das Denkmal erinnert an die nationalsozialistische »Aktion T4«, der zwischen 1940 und 1941 mehr als 70.000 psychisch kranke sowie geistig

Landeshaus des LVR

und körperlich behinderte Menschen zum Opfer fallen. Insgesamt werden bis Kriegsende mehr als 200.000 Menschen mit Behinderung systematisch ermordet.

Für die im Nazi-Jargon bezeichnete »Vernichtung lebensunwerten Lebens« werden unter anderem elf graue Omnibusse vom Typ Mercedes-Benz O 3750 eingesetzt, die Patienten aus »Heilanstalten« in das Vernichtungslager Grafeneck transportieren. Das Zitat: „*WOHIN BRINGT IHR UNS?*“ ist die überlieferte Frage eines Mannes, der wie tausend andere Patienten von den Bussen abgeholt wird.

Im Februar 2012 entscheidet sich der LVR dazu, einen Nachguss des mobilen Denkmals dauerhaft in unmittelbarer Nähe der Hauptverwaltung zu platzieren, als Zeichen der bewussten Auseinandersetzung mit der Psychiatrie-Vergangenheit des Rheinischen Provinzialverbandes, der Vorläuferinstitution des Landschaftsverbandes Rheinland.

Standort: *Kennedy-Ufer 2*

(H) **Haltestelle:** *Deutzer Freiheit*

Rheinhallen

Vom Messezentrum zur Rheinpark-Metropole

Die markante rotbraune Backsteinfassade der Rheinhallen mit ihrem imposanten 70 Meter hohen Messeturm prägen die Silhouette des Deutzer Rheinufers. Äußerlich im historischen Gewand und unter Denkmalschutz, befinden sich innerhalb des Gebäudeensembles seit 2005 hochmoderne Bürokomplexe privater TV-Sender, Versicherungsgruppen und Finanzdienstleister. Vor der umfänglichen Restaurierung und Neugestaltung werden die Rheinhallen von der Kölner Messegesellschaft (später: Kölnmesse GmbH) genutzt, deren Anfänge bis in die 1920er Jahre zurückreichen.

Auf Initiative des Kölner Oberbürgermeisters Konrad Adenauer wird 1922 die Kölner Messegesellschaft gegründet. Köln soll wieder an seine Bedeutung als Handelsmetropole früherer Zeiten anknüpfen. Die erste große Messe (Frühjahrsmesse 1924) findet in mehreren Hallen auf dem vormaligen preußischen Kasernengelände statt. 1928 werden die uneinheitlichen Ausstellungshallen – von den Kölnern liebevoll-despektierlich »Adenauers Pferdeställe« genannt – nach Entwürfen des Architekten Adolf Abel durch eine Randbebauung mit einer einheitlichen Backstein-Fassade ummantelt und mit dem Messeturm sowie dem sogenannten Staatenhaus erweitert.

In den neu gestalteten Rheinhallen respektive Staatenhaus findet 1928 die viel beachtete Internationale Presse-Ausstellung (Pressa) statt. Es kommen 1.500 Aussteller aus 43 Ländern. Zwei Jahre später findet die erste große Möbelmesse statt, bevor die Nationalsozialisten 1934 das Messeprogramm für ihre Propaganda nutzen. Danach haben die Rheinhallen eine ganze Reihe unterschiedlicher Funktionen: Bereits zu Friedenszeiten finden in den Hallen militärische Musterungen statt oder werden Lehrer ideologisch geschult. Mit Kriegsbeginn dienen die Hallen als Kriegsgefangenenlager und ab 1942 als Deportations- und Sammelstelle für Juden, Sinti und Roma

Rheinhallen mit Messeturm

aus Köln und Umgebung. Außerdem werden hier Zwangsversteigerungen von jüdischem Eigentum, welches die Deportierten in ihren Wohnungen zurücklassen müssen, durchgeführt. 1944 wird schließlich eine Außenstelle des KZ Buchenwald eingerichtet. Erst sehr spät nach Kriegsende, im Jahr 1981, erinnert ein dezentes Messingschild an der Rückseite des Messeturms an die Gräueltaten des Nazi-Terrors an diesem Ort.

In der Nachkriegszeit werden zusätzliche Hallen innerhalb der Randbebauung genutzt, um somit die Ausstellungsfläche zu vergrößern und ab 1958 gehört auch die fertiggestellte Kölner Sporthalle zu den Rheinhallen. Diese wird aber später wieder ausgegliedert und von der Kölner Sportstätten GmbH weitergeführt. In den Rheinhallen finden namhafte, internationale Messen statt, darunter die Photokina, Anuga (Lebensmittelmesse)

Messeturmspitze

und die Internationale Möbelmesse. Im Jahr 2008 sind die Rheinhallen mit insgesamt 286.000 Quadratmetern die viertgrößte zusammenhängende Messe der Welt.

Im September 2005 trennt sich die Kölnmesse GmbH von den Rheinhallen und baut in unmittelbarer Nähe neue Ausstellungsgebäude. Das gesamte Innenleben des Rheinhallen-Stahlkorsetts wird daraufhin zum dritten Mal seit seinem Bestehen völlig neugestaltet. Nach dem Einzug der neuen Nutzer (siehe oben) werden die Rheinhallen in Rheinpark-Metropole Köln umbenannt. Der Messeturm und die rote Ziegelfassade der ehemaligen Messehallen bleiben erhalten und bilden zusammen mit dem Staatenhaus weiterhin ein optisch aufeinander abgestimmtes Gebäudeensemble.

Die Spitze des quadratisch angelegten Messeturms krönt eine drei Meter hohe Kupferskulptur, gefertigt von dem Bildhauer Hans Wissel (1897-1948). Die Skulptur besteht aus einem filigranen Gerüst mit aufgesetzten drei Gesichtern, die den griechischen Gott *Hermes* darstellen. Hermes ist der Gott der Kaufleute und des Handels. Er symbolisiert den Messebetrieb, der in den Rheinhallen über die Jahre stattfindet. Auf jedem der drei Köpfe thront ein weiteres Attribut: ein Flügel als Symbol für Hermes selbst, ein Zahnrad als Symbol für die Industrie und ein Lorbeerkranz als Symbol für die Kunst. Die Symbole werden von einem senkrecht stehenden Fisch überhöht, welcher den Rhein als wichtige Handelsstraße Kölns seit der Antike symbolisiert.[19]

Die neun Dekaden der Kölner Messe sowie die Geschichte der Kölner Rheinhallen sind in einem historischen Zeitstrahl der Kölnmesse GmbH visualisiert.

Standort: *Messeplatz 1*

Haltestelle: *Bf Köln Messe/Deutz*

Rheinboulevard

Schicke Promenade an einem historischen Ort

Seit 2015 hat Köln im rechtsrheinischen Deutz eine neue Attraktion: den Rheinboulevard zwischen Deutzer Brücke und Hohenzollernbrücke. Architektonischer Mittelpunkt der Promenade ist die imposante 500 Meter lange Freitreppe. Ihre großzügige Stufengestaltung aus hellem Sichtbeton bietet rund 10.000 Menschen Platz und einen phantastischen Blick auf das linksrheinische Ufer hin zur Kölner Altstadt und zum Dom. Der Rheinboulevard ist ein wichtiges Element der Stadtgestaltung, das sich seit der Eröffnung zu einem Hotspot Kölns entwickelt hat. In den Sommermonaten erfreut sich der Boulevard großer Beliebtheit, bei Touristen und Einheimischen gleichermaßen. Das ist auch den Juroren der nordrhein-westfälischen Architektenkammer nicht verborgen geblieben: 2020 erhält der Kölner Rheinboulevard die »Auszeichnung vorbildlicher Bauten in Nordrhein-Westfalen«, der alle fünf Jahre vergeben wird.

Der erste Spatenstich für die Promenade in Deutz erfolgt 2010. Beim Abtragen eines aus der Preußenzeit stammenden Bahndamms treten archäologische Funde zutage, die von einer mindestens 1.700-jährigen Siedlungsgeschichte in Deutz zeugen. Archäologen und Historiker nennen die Grabungsergebnisse sensationell und in ihrer Art einmalig. Neben Resten des römischen Kastells werden auch mittelalterliche und neuzeitliche Funde ausgegraben, die Dank des gemeinnützigen

Deutz Panorama

Fördervereins Historischer Park Deutz e. V. (FHPD) erleb- und erfahrbar gemacht werden. Einzigartige Relikte verschmelzen mit moderner Architektur und machen aus dem Deutzer Rheinboulevard ein unvergleichliches städtebauliches Gesamtwerk. Das jetzige Erscheinungsbild ist allerdings nur ein Teil der eigentlichen Entwurfsplanung, die vorsieht, dass sich der gesamte Bereich des Rheinboulevards von den Rheinterrassen bis zur Deutzer Werft erstreckt.

Der **Förderverein Historischer Park Deutz (FHDP)** informiert Sie über Aktionen, Aktivitäten und vieles andere mehr zum Historischen Park Deutz unter: www.fhpd.de

Die Highlights am Kölner Rheinboulevard:

Historischer Park

Vom Kennedyplatz kommend und an den Terrassen einiger Gastronomiebereiche im Untergeschoss des Lanxess-Towers vorbei befindet sich am Anfang der Deutzer Promenade der Historische Park. Dieser ist Teil eines neuen UNESCO-Weltkulturerbes »Niedergermanischer Limes«. Hier werden 1.700 Jahre Deutzer Geschichte sichtbar und erfahrbar. So zum Beispiel die Grundmauern des römischen Kastells, dessen Gesamtanlage auf dem sogenannten Archäologischen Balkon in Form eines maßstabsgetreuen Bronzemodells dargestellt und zu bewundern ist. Oder die ehemalige Benediktinerabtei mit der Klosterkirche St. Heribert, die auf dem Gelände des ehemaligen Castellum Divitia steht.

Preußische Eisenbahn-Drehscheibe

Direkt neben dem Archäologischen Balkon ist ein Relikt aus preußischer Zeit zu entdecken. Bei dem kreisrunden Bauwerk handelt es sich um das Fundament einer Eisenbahn-Drehscheibe. Sie gehört zum Kopfbahnhof der ehemaligen Cöln-Mindener-Eisenbahn-Gesellschaft, dessen Endpunkt sich 1882 an dieser Stelle befindet. Die Drehscheibe ist erforderlich, da die Dampflokomotiven in der Regel damals so konstruiert sind, dass nur vorwärts eine schnelle Fahrt möglich ist. Schräg gegenüber befindet sich auch noch ein kleiner Teil der Bahndammmauer.

Lanzenreiter Denkmal

Ausdruck preußischer Herrschaft in Deutz ist das dem Kürassier gewidmete Reiterdenkmal. Nach aufwendiger Sanierung von Pferd und Reiter kehrt das Denkmal am Rheinboulevard 2018 an seinen ursprünglichen Standort auf den Sockel zurück. Das Los notwendiger Sanierungsarbeiten oder eines mehrmaligen Standortwechsels teilt sich das auch als »Lanzenreiter« bezeichnete Standbild mit anderen nicht unumstrittenen preußischen Denkmälern in Köln, unter anderem mit den Regenten an der Hohenzollernbrücke. Sie alle stehen für die Preußenzeit im Rheinland und das Kürassier-Denkmal im Besonderen für den Ausbau der Garnisonstadt Deutz.

Der Lanzenreiter, dargestellt als unbekannter Soldat, ist Sinnbild für die preußische Armee in Deutz und gehört zur Geschichte des rechtsrheinischen Kölner Stadtteils. Das überlebensgroße Standbild wird allerdings erst deutlich nach dem Ende des Deutschen Kaiserreichs, im Jahr 1928, errichtet. Es ist ein typisches Beispiel für den preußischen Denkmalkult seit 1871. Die Reiterstandbilder in Deutz und an der Hohenzollernbrücke gedenken und huldigen dem preußischen Militarismus im Rheinland. Sie stehen für militärischen Drill, Obrigkeitsdenken und regelmäßige Paraden, die in der Stadt für Zucht und Ordnung sorgen sollen. Die Rheinländer verstehen es jedoch, schwierige und ernste Themen häufig durch Humor zu relativieren. Und so werden die Kürassiere in Köln wegen ihrer weißen Uniformen als »Mählsäck« (Mehlsäcke) veralbert.

Römisch-preußischer Schinkenkessel

Im Rahmen der Vorarbeiten für den Rheinboulevard entdecken Archäologen am Ufer in Höhe von St. Heribert spätrömische Fundamente, die zum nordwestlichen Eckturm des späteren Brückenkopfs gehören, welche im Jahr 310 die erste feste Brücke Kölns (Römerbrücke) mit dem Kastell Divitia verbindet. Der halbrunde römische Eckturm mit seiner betonähnlichen Substanz wird 1818 von den Preußen mit Basaltschalen ummantelt und als Teil der preußischen Festung Deutz genutzt. Da der gebaute Halbturm einem Kochgefäß ähnelt, wird er im Volksmund »Schinkenkessel« genannt. 1909 wird der Turm bis aufs Fundament abgerissen. Das noch vorhandene Halbrund wird später in die Freitreppe integriert.

Freitreppe Kölner Rheinboulevard

Seit 2015 ist die große Freitreppe in Köln-Deutz fertiggestellt. Sie ist Treffpunkt zigtausender Menschen und aus dem Stadtbild nicht mehr wegzudenken. Die Freitreppe reiht sich in die Phalanx anderer weltbekannter Treppen und Touristenattraktionen ein, teilt sich aber auch deren Probleme. So werden wie mittlerweile bei fast allen Großprojekten die Kosten für den Rheinboulevard deutlich zu niedrig veranschlagt. Am Ende werden 26,1 Millionen Euro fällig, nicht zuletzt durch die archäologischen Funde, die zu Bauverzögerungen führen. Ein anderes Thema ist, dass der Rheinboulevard mit der Freitreppe eigentlich ein perfekter Ort für Großveranstaltungen ist, wie zum Beispiel für das Event »Kölner Lichter«. Doch

Rheinboulevard

irgendwie funktioniert das (noch) nicht. Bei Großereignissen wird die Freitreppe gesperrt, da die Gefahr besteht, dass Personen von den Stufen stürzen. Außerdem gelten die Fluchtwege als erheblich eingeschränkt. Darüber hinaus wird bereits kurz nach der Eröffnung klar: Die Reinigungskosten werden immens. Rotweinflecken, Reste von Wasserpfeifen (inzwischen verboten), Möwendung und unnötige Schmierereien machen dem hellen Beton zu schaffen. Nichtsdestotrotz ist der Rheinboulevard mit seiner imposanten Freitreppe ein klarer Gewinn für Köln – mit hoher Aufenthaltsqualität und spektakulärer Aussicht. Bleibt zu hoffen, dass der materielle, aber auch immaterielle Wert der Freitreppe von den Besuchern dauerhaft geschätzt wird, damit es dem Bauwerk nicht so ergeht wie beispielsweise der Spanischen Treppe in Rom. Dort darf mittlerweile niemand mehr sitzen und, wenn sich Besucher dennoch auf den Stufen ausruhen, werden sie von Polizisten mit Trillerpfeifen vertrieben.

Standort: *Hermann-Pünder-Str. 2*

Haltestelle: *Deutzer Freiheit*

Design Post Köln

Vom Postbahnhof zum stylischen Showroom

Postamt Köln Deutz, Postverladestelle, Post Bahnhofshalle – so lauten die offiziellen Bezeichnungen für den Ort in Deutz, an dem im wahrsten Sinne des Wortes von 1913 bis 1995 die Post abgeht. Während dieser Zeit gilt das Paketpostamt als eine der wichtigsten Schaltstellen im weltweiten Logistikverkehr. Im Laufe der vielen Jahrzehnte kommt es immer wieder zu Modernisierungs- und Umstrukturierungsmaßnahmen. Ab den 1990er Jahren hält die Poststelle aber dem Fortschritt nicht mehr stand und so wird es recht still in den einst lärmerfüllten Hallen.

2005 entdeckt das niederländische »Architekturbüro O III« das Potenzial der mittlerweile unter Denkmalschutz gestellten achtschiffigen Dreigelenkbogenhalle. Sie wird daraufhin sensibel saniert, bekommt das Label »Design Post« und gilt nach ihrer Fertigstellung als Beispiel gelungener Industriearchitektur. Aus dem alten Postamt wird ein Showroom für Designliebhaber, Flaniermeile für Ästheten und Inspirationsquelle für Fachbesucher.

Design Post versteht sich als Schaufenster aktueller Trends und zieht Interieur-Marken aus verschiedenen Ländern an. In wechselndem Turnus werden neue Impulse geboten und ein umfangreiches Produktsortiment aus den Bereichen Möbel, Leuchten und Textilien präsentiert. Ein Verkauf findet nicht statt, vielmehr stehen die Produkte und Beratung im Vordergrund. Im Gebäude von Design Post treffen sich aber auch Freiberufler, kleinere Start-ups, Designer und Geschäftsleute zum gemeinsamen Austausch und Arbeiten. Die im Jahr 2018 eröffnete und neu angelegte Terrasse rundet das Event- und Ausstellungsangebot von Design Post ab.

Die gelungene Umwidmung des Industriegebäudes ist ein anschaulicher Beleg für die Veränderungen des Stadtteils Deutz in den letzten Jahrzehnten.

Design Post

Standort: *Deutz-Mülheimer-Str. 22A*

Haltestelle: *Kölnmesse*

Technische Hochschule (Campus Deutz)

Verzahnung von Forschung, Lehre und Praxis

Während in Köln an der altehrwürdigen Universität bereits seit 1388 gelehrt und geforscht wird, ist Deutz in den 1970er Jahren Ausgangspunkt der neu gegründeten Fachhochschulen, an denen angewandte Wissenschaften vermittelt werden, das heißt, Forschung und Praxis Hand in Hand gehen.

Ähnlich wie bei vielen Universitäten gibt es auch bei der Fachhochschule (FH) und späteren Technischen Hochschule Köln viele Vorgängereinrichtungen: Staatliche Fachschulen, Höhere Fachschulen, Akademien für verschiedene Disziplinen, Institute und andere. Einige Vorgänger-Einrichtungen der heutigen TH lassen sich sogar bis zur »Königlichen Provinzial Gewerbeschule« von 1833 zurückverfolgen.

Ausgangspunkt für die Gründung von Fachhochschulen ist das bundesrepublikanische Hinterherhinken »höherer« Schulmodelle in den 1960er Jahre. Unter dem Schlagwort »Deutscher Bildungsnotstand« kommt es deshalb zu verschiedenen bildungspolitischen Reformbestrebungen. Der Hochschulbereich wird neu strukturiert und die Fachhochschulen werden eigenständige Einrichtungen des Bildungswesens im Hochschulsektor. Zu diesem Zweck werden die bis dato bestehenden Höheren Fachschulen in Fachhochschulen (FH) umgewandelt. Die Kölner Fachhochschule wird in Deutz verortet.

Eine dritte und bis jetzt letzte Phase der Hochschulreform findet im Jahr 2000 mit dem sogenannten Bologna-Prozess statt. Mit der Einführung von Bachelor- und Masterstudiengängen werden die Abschlüsse der

Campus Deutz

Fachhochschulen denen der Universitäten uneingeschränkt gleichwertig und daher gleichlautend gestellt. Viele Fachhochschulen benennen sich daraufhin sukzessive um und führen Bezeichnungen wie Hochschule für angewandte Wissenschaften (HAW), Hochschule (HS) oder Technische Hochschule (TH) sowie die entsprechende angelsächsische Bezeichnung University of Applied Science ein.

In Köln erfolgt 2014 die Namensänderung von Fachhochschule in Technische Hochschule (TH). Mittlerweile gibt es drei Campusse der TH Köln: In Deutz, in der Südstadt sowie in Gummersbach und Leverkusen. Mit rund 10.000 Studierenden ist der Campus Deutz der größte. Der Gebäudebestand ist allerdings in die Jahre gekommen, sodass ein Ersatzneubau am gleichen Standort entstehen soll. Der Abbruch beziehungsweise Neubau von bis zu acht Campusgebäuden wird viele Jahre in Anspruch nehmen – voraussichtliche Fertigstellung 2038.

Das Studienangebot am Campus Deutz umfasst heute folgende Fakultäten: Architektur, Bauingenieurwesen und Umwelttechnik, Informations-, Medien- und Elektrotechnik, Fahrzeugsysteme und Produktion, Anlagen-, Energie- und Maschinensysteme sowie das Institut für Technologien und Resourcenmanagement in den Tropen und Subtropen (ITT).

Standort: *Betzdorfer Str. 2*

Haltestelle: *U-Bahn Deutz Technische Hochschule*

MesseCity am Deutzer Bahnhof

Aus einem Wohnviertel wird ein Büro- und Hotelquartier

Nach der Jahrtausendwende gehört zu den Großprojekten der Stadt Köln die Planung für die »MesseCity« auf dem Areal des ehemaligen Barmer Viertels zwischen dem Bahnhof Deutz und der Koelnmesse. Beflügelt vom damaligen Internethype soll das Deutzer Veedel städtebaulich neu geordnet werden, um aus Köln eine moderne Medien-, Messe- und Bürostadt zu machen. Um es vorwegzunehmen: Einiges davon ist mittlerweile realisiert und heute auf der Bahnhofsrückseite sichtbar, vieles aber aufgrund planerischer Hindernisse, fehlender Investoren oder rechtlicher Probleme erst gar nicht zum Zuge gekommen.
Für die Realisierung des Messe-City-Projekts Anfang der 2000er Jahre müssen nach dem Beschluss der Kölner Stadtverordneten die Häuserblocks des ehemaligen Barmer Viertels weichen, woraufhin es zu heftigen Protesten und wochenlanger Besetzung einiger der insgesamt 381 Wohnungen kommt. Die von einer Genossenschaft gebauten Häuser werden

vorwiegend von Postbeamten, Angestellten und Arbeitern bewohnt, die in der gegenüberliegenden Postverladestelle (heute »Design Post«) arbeiten. Trotz allen Protestes werden die Häuserblocks im Juni 2006 abgerissen und deren Bewohner in ein Neubaugebiet umgesiedelt. Nach der von seinen Anfängen her knapp hundert Jahre währenden Wohngeschichte in der Barmer Straße existiert das ehemalige Deutzer Veedel nicht mehr.

Zürich-Versicherung im ehemaligen Barmer Viertel

Aus dem ehemaligen Wohnquartier ist ein neues Kölner Büro-, Hotel- und Gastronomieareal geworden, das in den nächsten Jahren weiter ausgebaut werden soll. Die Idee, dass neben Bistros und Kneipen auch ein Großkino das neue Quartier beleben könnte, ist inzwischen wieder obsolet. Dafür ziehen die Freiflächen auf dem MesseCity-Gelände immer mehr Skateboarder an, die dort ihre Tricks und Manöver einüben und sich laut eines Skaters manchmal wie auf dem prominentesten Ort zum Skaten, dem MACBA in Barcelona, fühlen.

Standort: *Deutzer Allee / Barmer Platz*

Haltestelle: *Kölnmesse*

Motto: Ein Quartier für alle

Die Präsentation der vielen Orte und Räume zeigt, was das heutige Deutz ist: ein Messe-, Medien- und Dienstleistungsstandort, ein beliebtes Lebens- und Wohnquartier und ein angesagtes Ausflugsziel. Hierhin zieht es Sport-, Konzert- und Veranstaltungsfans, Messeaussteller und -besucher, Gäste und Touristen aus dem In- und Ausland. Deutz hat an der einen oder anderen Stelle Urbanität und Ursprünglichkeit verloren, dafür an anderer Stelle noch sehr viel Entwicklungspotenzial. Neue Projekte warten auf den Startschuss. So zum Beispiel der Umbau des Deutzer Hafens: Mit ihm ist die Hoffnung verbunden, ein Quartier für alle zu schaffen, in dem Arbeiten und Leben, Freizeit und Wirtschaften ressourcenschonend und nachhaltig miteinander verknüpft werden. Falls dies dort gelingt, könnte aus dieser Hoffnung ein Motto für ganz Deutz werden.

Zum Schluss dieses Kapitels kommt noch einmal **Dr. Martin Stankowski** (Kölner Publizist, Geschichtenerzähler, Fremdenführer und Kabarettist) mit seinen Überlegungen zum Verhältnis zwischen Köln und Deutz zu Wort:

03 # ALLES AUSSER GEWÖHNLICH

ALLES AUSSER GEWÖHNLICH

Verborgenes Deutz

Es gibt Orte, die man erst auf den zweiten Blick sieht – oder gar nicht. Orte, die versteckt sind, vergessen oder nicht auffallen. Derlei Orte in Deutz sollen in diesem Kapitel zum Vorschein gebracht werden, wobei zugegebenermaßen der größte Teil der verborgenen Schätze wohl immer noch am Deutzer Ufer tief unter der Erde schlummert und darauf wartet, irgendwann einmal gehoben zu werden. Dafür sind aber kommende Archäologen und Historiker zuständig, die uns in ferner Zukunft sicher noch häufig zu überraschen wissen und zum Staunen bringen werden.

Die nachfolgend scheinbar unscheinbaren Orte mögen zwar weniger spektakulär sein, aber auch sie verblüffen bei näherem Hinsehen, machen neugierig und regen hie und da sogar zum Schmunzeln an. Die Entdeckungstour beginnt in der Unterwelt.

Gaststätte Lommerzheim

Geisterbahnhof in der dritten Ebene

Die geheime U-Bahn-Station

Unter dem U-Bahnhof *Deutz/Messe Lanxess Arena* der Kölner Verkehrsbetriebe (KVB) schlummert ein zweiter, »geheimer« und für die Öffentlichkeit nicht zugänglicher U-Bahnhof. Diese 17 Meter unter der Erdoberfläche gebaute U-Bahn-Haltestelle sollte – wie ihr großer Bruder über ihm – ein quirliger Knotenpunkt des Kölner Schienennetzverkehrs werden. Doch die riesige von Säulen durchzogene Halle steht seit nunmehr über 30 Jahren leer. Was ist geschehen? In den 1980er Jahren plant die Stadt Köln den Ausbau des U-Bahn-Netzes. Hierzu gehören unterirdisch auch die Haltestellen der Linien 1 und 9 sowie oberirdisch die Linien 3 und 4. Um den Verkehr in diesem Bereich insgesamt zu entlasten, ist geplant, alle Linien unterirdisch verlaufen zu lassen, also auch die Linien 3 und 4. Doch die Verlegung der Linien 3 und 4 findet nie statt. Die 1.100 Quadratmeter große Halle befindet sich somit bis heute im Rohbau. Und es sieht nicht danach aus, dass der geplante U-Bahnhof jemals zum Einsatz kommt.

So bleibt der versteckte U-Bahnhof leer und ungenutzt – auch wenn es hin und wieder Anfragen von Geschäftsleuten gibt, die den Raum nutzen wollen, wie in Berlin beispielsweise. Dort gibt es aufgrund großzügiger U-Bahn-Planungen viele derartige Geisterbahnhöfe. Unter dem Potsdamer Platz etwa werden Modeschauen und Kartrennen veranstaltet. Ein solches Vorhaben dürfte in Köln aber keine Chance haben. Es habe zwar Überlegungen gegeben, eine Diskothek oder eine Kunstgalerie im Deutzer Geisterbahnhof zu eröffnen. Das sei aber an den Kosten gescheitert und an den nicht vorhandenen Sicherheitsvorrichtungen.

Wie die Kontrollgänge in dem Geisterbahnhof aussehen, zeigt der **WDR** in einem kurzen Lokalzeit-Beitrag:

Anschrift: Deutzer Brücke

In einem Widerlager leben

Wohnen im Flugzeug, thronen im Baumhaus oder residieren im eigenen Schloss? Manche mögen es außergewöhnlich und erfüllen sich ihren

»Unter der Deutzer Brücke«

Traum eines individuellen, manchmal auch skurrilen Domizils. So auch die Schauspielerin und Kunstmanagerin Elke Koska aus Köln. Sie wohnt bis 2010 in der rechtsrheinischen Rampe der Deutzer Brücke. Renovierungsarbeiten an der Brücke zwingen sie jedoch zum Umzug. Davor nennt Elke Koska 15 Jahre lang die fensterlosen Räume ihr Zuhause, umgeben von Kunstwerken, einer riesigen Sammlung ausgefallener Teekannen und einem halben Straßenkreuzer an der Wand. Sie genießt ihr bunt eingerichtetes Paradies mit künstlichen Blumen und Rasen – auch wenn Tag und Nacht Autos und Straßenbahnen über ihre Wohnung donnern.
Den Aufenthalt an diesem außergewöhnlichen Ort macht die im Rahmen der Brückenerweiterung (1976-1980) entstandene Spannbetonkonstruktion möglich. Der für den Brückenunterbau verwendete Stahlbetonkasten enthält keine Einbauten, wodurch er drei tageslichtlose, begehbare Räume mit variierenden Raumhöhen bildet. Die Hallen mit Loft-Charakter werden in unregelmäßigen Abständen gern für Kunstinstallationen, Ausstellungen und Konzerte genutzt. Und wie man sieht, lässt es sich in den Katakomben auch wohnen. Sogar mit nachbarschaftlichem Anschluss: In einem der Räume neben Koskas damaliger Wohnung hat das KSK-Team, ein Wassersport-Club mit Schwerpunkt auf Kanu-Wildwasser-Rennsport, bis heute sein Bootshaus.

Faszination Brückenrampen

Unterbauten als kreative Orte

Nicht nur die Deutzer Brücke reizt Künstler, Sportclubs, Karnevalsvereine und Individualisten, in Brückenrampen zu agieren. So sind der Boxverein Aurora und der Verein Junge Alte Nachbarn in der Hohenzollernbrücke etabliert.

Wegen der optimalen Akustik und des außerordentlichen Klangerlebnisses nutzen viele Musiker die Eingeweide der Zoobrücke als Übungsräume. Dort beschert im Jahr 2000 der New Yorker Künstler Serge Spitzer dem Kölner Publikum ein besonderes Kunstspektakel. Er platziert rund 60.000 Kölsch-Gläser auf unterschiedliche Weise in der stählernen Konstruktion der Zoobrücke. Diese reagieren auf Bewegung und Geräusche der Fahrzeuge, sie vibrieren, klirren, hin und wieder fallen sie auch herunter und gehen kaputt (Kunstforum). Die Besucher laufen behelmt auf einem schmalen Steg vom Rheinpark beginnend durch die breiten Hohlkästen zum linken Rheinufer Richtung Zoo und Skulpturenpark. Auf der 600 Meter langen Strecke erleben sie den einmaligen Klang der »gläsernen« Installation. Wenngleich ohne Kunstattraktion, aber nicht minder spektakulär kann auch heute noch der Rhein im Bauch der Zoobrücke überquert werden. Die Führungen müssen bei der Stadt Köln angemeldet werden.

Aus grau wird bunt

Mehr Farbe für Deutz

Apropos Kunst: Bei einem Spaziergang durch Deutz entdeckt man immer häufiger Stromkästen, die bunt bemalt sind. Ein Trend, der sich mehr und mehr auch in anderen Stadtteilen Kölns durchsetzt. Hässlich graue Stromkästen oder mausgraue Verteilerkästen der Telekom und Post werden zunehmend zur Fläche für Graffiti oder anderen Malereien.

In Deutz hat die Künstlerin Fiets Nowitzki im Auftrag der RheinEnergie bis zu 160 Deutzer Stromkästen den grauen Schleier der Tristesse genommen. Sie selbst nennt sich »Stadtstreicherin« und ihre Kunstwerke gestaltet sie im Stil des phantastischen Realismus und der individuellen Mythologie. Das, was sie macht, nennt sie »Mal Kasten Kunst«. Und so werden die Stromkästen zum Kunstobjekt im öffentlichen Raum, die zu einem »Galeriebesuch« unter freiem Himmel einladen. Das Bemalen, Besprühen oder Bekleben von den grauen Kästen am Straßenrand oder auf den Bürgersteigen ist also offiziell gewollt. Es soll mehr Farbe in die Stadt bringen und sinnlose Schmierereien verhindern.

Bemalte Stromkästen

Den Rhein unterirdisch queren

Ein Fernwärmetunnel macht es möglich

Quizfrage: Wie kommt man von Deutz trockenen Fußes auf die andere Rheinseite, ohne eine Brücke, ein Schiff oder Flugobjekt zu benutzen? Ganz einfach: Man läuft unter dem Fluss durch. Das ist möglich! - Dank des Fernwärmetunnels der RheinEnergie. Ein unscheinbarer Betonpilz am rechtsrheinischen Messeufer bildet den Eingang zu diesem Tunnel. Die drei Meter hohe, begehbare Röhre führt unter dem Flussbett hindurch zum Breslauer Platz. Der außergewöhnliche Weg zwischen voluminösen Rohren kann allerdings nur auf Anfrage bei der RheinEnergie AG begangen werden. Für alle, die nicht unter Klaustrophobie leiden, wird die Besichtigung zu einem ganz besonderen Erlebnis.

Terminvereinbarung zur Tunnelführung bei **RheinEnergie AG:**

Blick hinter die Kulissen der RheinEnergie – Fernwärmetunnel – YouTube

Pyramide aus Gras und Münzgeld

Vom KVB-Depot zur Grünanlage

Pyramidenpark

Grünflächen in Deutz sind im wahrsten Sinne des Wortes rar gesät. Dafür gibt es eine kleine Anlage der besonderen Art: den Pyramidenpark. Er ist Bindeglied einer verkehrsfreien Grünzone, die von der Lanxess-Arena über den Alten Deutzer Friedhof bis nach Kalk führt. Die Rasenpyramide, früher ein fast komplett versiegeltes Gelände, steigt bis auf acht Meter an und bietet Ausblicke auf die vielgestaltige Umgebung. Im Zentrum des Parks liegt eine weitläufige Rasenfläche, die zum Verweilen, Spielen oder zum Picknick einlädt.

Kleinere Details komplettieren den Park, so zum Beispiel ein parallel verlaufendes Bahngleis, das an einem Prellbock endet. Das Gleis soll an das ehemalige Straßenbahndepot der Kölner Verkehrsbetriebe auf diesem Gelände erinnern. In die Platten auf dem Hauptweg ist im Jahr der Parkeinweihung und anlässlich der Euro-Einführung 2002 Münzgeld aller europäischer Länder eingelassen. Die Münzen (Lire, Franc, Gulden et cetera) sind außerdem ein Indiz dafür, dass hinter der Grünflächengestaltung ein Geldinstitut steckt: die Sparkasse Köln-Bonn.

Stabilstes Gotteshaus Kölns

Hochbunker als Kirche getarnt

In einem kleinen Park an der Helenenwallstraße, Ecke Rupertusstraße steht ein langgestrecktes Gebäude mit einer Art Glockenturm. Die bunte Scheinbemalung an dem Gebäude erweckt den Eindruck, dass es sich um eine Kirche handelt. Bei genauerem Hinsehen entpuppt sich das trutzige Gebäude jedoch als eine Fälschung, neudeutsch: Fake. In Wahrheit ist die »Kirche« ein Bunker, von denen es im Zweiten Weltkrieg in mehreren deutschen Städten Exemplare gibt. Die »Kirchenbunker« sind eine Erfindung des nationalsozialistischen Deutschlands und werden in den Jahren 1942/43 gebaut. Als besonders gefährdetes Angriffsziel soll die Tarnung dazu dienen, dass die Hochbunker nicht als solche erkennbar sind.

In Köln entstehen drei solcher Bunker: in Raderberg, in Mülheim und in Deutz. Letzterer wird 1943 fertiggestellt und bietet über 3.000 Bewohnern der angrenzenden Wohnstraßen Schutz vor militärischen Angriffen.

Nach dem Krieg wird aus dem Schutzbunker in Deutz ein Hotel mit kleinen Zimmern ohne Fenster. Seit den 1980er Jahren ist der ehemalige Bunker in bunten Farben bemalt und mit Graffiti übersprüht. Heute mutet das unter Denkmalschutz stehende Bauwerk mit den angrenzenden Spiel- und Basketballplätzen sehr friedlich an. Es dient als Lager von Requisiten und Gegenständen der städtischen Theater und Museen.

Ein Video über den Hochbunker gibt es hier:

Hochbunker Helenenwallstraße, Köln
(www.hochbunker.koeln)

Der Kölner Keller

Arbeitsplatz für Fußball-Schiedsrichter fernab des Geschehens

An Spieltagen der Fußball-Bundesliga stehen sie nicht im Rampenlicht, sind unsichtbar für Akteure und Zuschauer und erzeugen dennoch ein Wechselbad der Gefühle: die Video-Assistenten der Fußball Bundesliga (DFL) und des Deutschen Fußballbundes (DFB). Ihr Arbeitsplatz ist das Video-Assist-Center (VAC), das aus lichtschutztechnischen Gründen im Souterrain des Cologne Broadcasting Center in Deutz untergebracht ist. In dem ehemaligen Gebäudekomplex der Kölner Messe befindet sich unter anderem auch das Sendezentrum der Mediengruppe RTL.

Wegen der abgedunkelten Arbeitsräume hat sich die Bezeichnung »Kölner Keller« eingebürgert. Was in Deutz geschieht, ist eindrucksvoll. An sechs Arbeitsstationen des circa hundert Quadratmeter großen Raumes gibt es jeweils 19 bis 21 Kameraperspektiven, die aus den Stadien eingespeist werden. Pro Arbeitsstation beobachten ein Video-Assistent, ein Co-Assistent sowie zwei Operatoren (Video-Techniker) die Aufnahmen an vier Monitoren.

Die Video-Assistenten, die seit der Spielzeit 2017/18 eingesetzt werden, haben die Aufgabe, ihre Kollegen auf dem Rasen bei kniffligen Entscheidungen vom kleinsten Foul bis zum Elfmeter zu unterstützen. Die letztendliche Entscheidung obliegt aber grundsätzlich dem Schiedsrichter im Stadion. Die Kommunikation zwischen den Schiedsrichtern im Kölner Keller und den jeweiligen Unparteiischen vor Ort läuft über ein Rechnernetz mittels IP-Telefonie, innerhalb der Stadien dann über Funk. Deutz1 ist der offizielle Funk-Name des Video-Assistenten, der Co-Assistent spricht als Deutz2.

Im April 2019 durften Sportjournalisten erstmals den Keller besichtigen und den Video-Assistenten über die Schulter schauen. Für die Fans allerdings wird der Kölner Keller wohl für immer die »Stimme aus dem Off« bleiben.

Deutzer Platte

Im Brauhaus ein Genuss, sorgt sie bei Schiffer für Verdruss

Wer im Deutzer Brauhaus eine »Deutzer Platte« bestellt, bekommt dort Käse, Schinken und Flönz (Blutwurst) für vier Personen. Die eigentliche Deutzer Platte ist damit aber nicht gemeint, sie kann man nicht essen. Das wäre auch ein bisschen viel des Guten. »Immerhin ist das Ding 700 Meter lang und wäre mit einer Million Euro pro Jahr wohl auch etwas teuer.« (So nachzulesen im wöchentlich erscheinenden Online Newsletter von Uli Kievernagel (www.koeln-lotse.de)).

Tatsächlich handelt es sich bei der Deutzer Platte um eine für die Schifffahrt gefährliche Untiefe im Rhein. Sie befindet sich zwischen Severinsbrücke und Deutzer Brücke in Höhe des Rheinkilometers 687. Die Fahrrinne ist 150 Meter breit und wird von der Wasser- und Schifffahrtsverwaltung regelmäßig ausgebaggert. Bedingt durch die Einfahrten des Deutzer Hafens und Rheinauhafens kommt es zu einer Aufweitung des Rheinstroms. Dadurch lagern sich bei entsprechenden Wasserständen Sand und Kies in der Fahrrinne ab. Die Deutzer Platte muss deshalb nahezu halbjährlich von diesen Ablagerungen befreit werden, damit die Wasserstraße an dieser Stelle sicher passiert werden kann. Zum Abtragen der Ablagerungen kommt ein Baggerschiff mit Spezialgeräten zum Einsatz.

Für die Schifffahrt besteht insbesondere bei anhaltendem Niedrigwasser erhöhte Gefahr auf Grund zu laufen. So kam es auf der Deutzer Platte bereits zu mehreren Havarien. Gleichwohl ist die Wasser- und Schifffahrtsverwaltung stets bemüht, grundsätzlich einen Tiefgang von 2,50 Metern zu garantieren. Abweichungen hiervon werden über das Wasserinformationssystem ELWIS (Elektronische Wasserstraßen-Informationsservice der deutschen Wasserstraßen und Schifffahrtsverwaltung des Bundes) bekannt gegeben.

Zur guten Quelle

Ein außergewöhnliches Dreifensterhaus

Schräg gegenüber vom Düxer Dom (St. Heribert Kirche) steht ein rätselhaft schmales, sogenanntes Dreifensterhaus auf der Deutzer Freiheit bei Nummer 59. Das Gebäude scheint als einziges in der gesamten Zeile »tiefergelegt« zu sein. Um in das Haus zu gelangen, muss man ins Souterrain einige Stufen nach unten steigen. Aber der Schein trügt: Das Haus, das sich als einziges der Häuserzeile über den Krieg rettet, dokumentiert die einstige, ursprüngliche Ebene der Deutzer Freiheit, die zum Rhein hinunterführt. Verschiedene Zeugnisse belegen die Historie des Hauses, allen voran die Giebelinschrift, die es auf das Jahr 1886 urdatiert. Ein Foto von 1927 weist den Parterrebereich als Metzgerei aus, aber möglicherweise schon vor 1945 ist hier eine Kneipe eingezogen.[20] Über dem Eingang wird später der Schriftzug »Zur guten Quelle« freigelegt.

Für die Auffahrt zur später gebauten Deutzer Brücke wird das Bodenniveau der Deutzer Freiheit deutlich angehoben und die Nachkriegshäuser auf dem aufgeschütteten Boden gebaut. Die Folge: Hatte man früher zwei Stufen erklimmen müssen, um »Zur guten Quelle« zu gelangen, muss man ab nun elf hinabsteigen. Heute befindet sich in dem charmanten und außergewöhnlichen Altbau ein Gästehaus.

In Deutz lassen sich noch viele Straßenzüge mit sogenannten Dreifensterhäuser entdecken. Die schmalen Wohnhäuser sind seit Mitte des 19. Jahrhunderts eine beliebte Bauform vor allem in den urbanen Gebieten des Rheinlands. Unter anderem auch deshalb, weil nach der preußischen Bauordnung Häuser mit einer Breite von bis zu 20 Fuß (6,28 Meter) von Steuerabgaben befreit sind. Charakteristisch und namensgebend sind die drei Fensterachsen der mehrgeschossigen Häuserfront.

Bambus-Allee mitten in Deutz

Tropenflair in den ehemaligen Rheinhallen

Von 2006 bis 2010 werden die denkmalgeschützten Rheinhallen entkernt und für eine neue Nutzung umgebaut. Heute befinden sich darin Verwaltung und Sendezentren von privaten Fernsehsendern. Zudem werden Teile der Rheinhallen von einer Versicherungsgruppe sowie einem Finanzdienstleister übernommen. Die Gesamtfläche des jetzt als Rheinpark-Metropole Köln bezeichneten Areals teilen sich die RTL-Gruppe, Versicherungen und andere Mieter. Mitten durch die ehemaligen Rheinhallen verläuft eine mit Bambusbäumen begrünte und öffentlich zugängliche 200 Meter lange Fußgängerpassage.

Die Passage führt vom südlichen Eingang am Charles-de-Gaulle-Platz über den Picassoplatz zum Rheinparkweg, von wo man direkt zum Tanzbrunnen weiterlaufen kann. Das stellt sich vor allem bei schlechtem Wetter als Vorteil heraus, da der Weg überdacht ist.

Links und rechts der Passage, die übrigens auch nachts geöffnet ist, säumen hochgewachsene Bambusbäume den Fußgängerweg. Beim Durchqueren der Bambus-Allee hat man manchmal das Gefühl, als geraten die Bäume trotz Windstille in Bewegung. Eine-hinter-vorgehaltener-Hand-Erklärung für das Phänomen ist: Der Hausmeister müsse unbemerkt die Bambussträucher regelmäßig abschütteln.

04 NOMEN EST OMEN

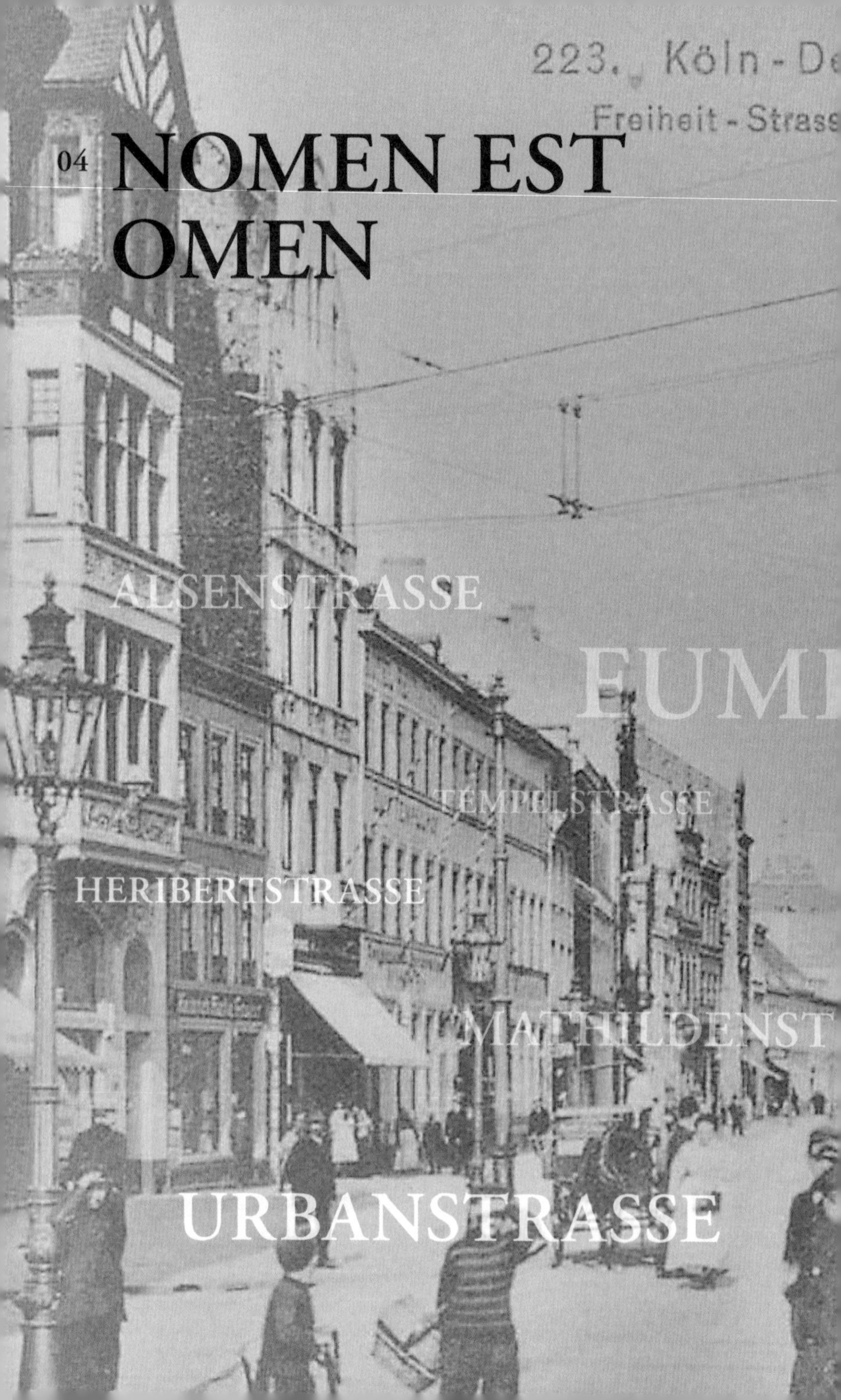

DEUTZER FREIHEIT
NEDIKTUSGASSE
AN DER BASTIO
TIMUR-ICELLILER-WEG
USSTRASSE
URBANSTRASSE
JUDENKIRCHHOFSWEG
GOTENRING
MATHILDENSTRASSE

NOMEN EST OMEN

Deutzer Wege, Straßen, Plätze und ihre Bedeutung

Neben historischen Gebäuden, Denkmälern, Museen und anderen Erinnerungsorten gehören Straßennamen zum Gedächtnis einer Stadt. Ihre Bezeichnungen sind variabel, werden den Epochen und deren Zeitgeist angepasst, verändert oder vergessen. Das macht es interessant, Straßennamen nicht nur als Orientierungshilfe zu sehen und zu nutzen, sondern auch ihre Bedeutungen zu erfassen, woraus sich Hintergrundwissen ableiten, Geschichten erzählen und manchmal auch Kuriositäten aufdecken lassen.

So entstand beispielsweise 1926 östlich vom Gotenring das sogenannte Germanenviertel. Die dortigen Straßennamen weisen auf verschiedene Germanenstämme hin, welche zu Römerzeiten rechtsrheinisch angesiedelt waren (Alemannen, Goten, Bataver und andere). In dieses Viertel verirrt sich kaum ein Außenstehender, obwohl viele begrünte Flächen und Bänke zum Ausruhen und Spazierengehen einladen.

Das nachfolgende Kleine Straßenlexikon listet (unvollständig) die Namen von Straßen, Wegen und Plätzen in Deutz auf und erläutert deren Bedeutungen.

Kleines Lexikon der Deutzer Straßennamen

Adolphstraße
Benannt nach Adolph Heyden, einem ehemaligen Deutzer Stadtverordneten.

Alarichstraße
Alarich I. (370-410 nach Christus). Heerführer der Westgoten und nach 800 Jahren der erste Feldherr, der Rom plünderte. 402 wurde der Großteil römischer Grenztruppen aus dem Rheinland abgezogen, um Oberitalien gegen die Westgoten Alarichs zu verteidigen. Daraufhin setzen sich die Franken ab 410 in Deutz fest.

Alfred-Schütte-Allee
Alfred H. Schütte (1854-1936). Unternehmensgründer der gleichnamigen Werkzeugmaschinenfabrik auf den Poller Rheinwiesen.

Alsenstraße
Im preußisch-dänischen Krieg (1864) war das in Deutz liegende Pionierbataillon am Übergang über den Alsensund beteiligt.

Alter Mühlenweg
Viele Kölner Müller nutzen die Strömung des Rheins, um ihre Mühlen anzutreiben. Auf dem Fluss klapperten bis zu 36 solcher im Fluss verankerten Mühlen. Es gab aber auch Windmühlen. Eine davon ist seit 1571 in Deutz bezeugt. Sie stand an der Siegburger Straße.

Am Schnellert
Der »Schnellert« ist das Überbleibsel eines alten Rheinarmes und das natürliche Becken des Deutzer Hafens. Es umspült eine Landzunge (»Poller Werth« oder auch »Deutzer Werthchen« genannt). Der Name »Schnellert« bezieht sich auf den Rhein mit »schnell dahinfließenden« Wasser.

An der Bastion
Hier befand sich eines der Forts der sternförmig um Deutz verlaufenden spätbarocken Befestigung aus dem 18. Jahrhundert.

An den Gelenkbogenhallen
Benannt nach der Hallenanlage für den Paketpostumschlag, bestehend aus acht Hallenschiffen in Bogenkonstruktion. Sie wurde 1914 eingeweiht und blieb bis zur Umstellung der Post auf Lkw-Verkehr in den 1990er Jahren in Gebrauch.

Auenweg
Au ist das altkölnische Wort für Mutterschaf. Der Auenweg war wohl der Weg, auf dem die Schafe zur Weide getrieben wurden. Bis heute befinden sich am Kölner Rheinufer Schafweiden.

Barmer Straße
Barmen ist ein Stadtteil von Wuppertal. Dort befindet sich auch das Depot und die Wendeschleife der Schwebebahn, die von dem Kölner Zuckerfabrikant, Ingenieur und Erfinder Eugen Langen entwickelt wurde. Die erste Teststrecke befand sich in einer Fabrikhalle in Deutz und wurde 1893 in Betrieb genommen.

Bebelplatz
August Bebel (1840-913). Mitbegründer der Sozialdemokratischen Partei Deutschlands (SPD), geboren in den Kasematten der Festung Deutz (Kasemattenstraße).

Benediktusgasse
Benedikt von Nursia (480-542). Gründer des gleichnamigen Ordens, welcher um 1003 das Kloster in Deutz auf dem ehemaligen Kastellgelände erbaute.

Benjaminstraße
Benjamin Bliersbach (1808-1889). Stadtverordneter und Grundbesitzer in Deutz.

Brügelmannstraße
Benannt nach der von Friedrich Wilhelm Brügelmann 1820 in Deutz gegründeten Textilfabrik.

Charles-de-Gaulle-Platz
Französischer Staatspräsident (1959-1969), besuchte 1962 Köln.

Constantinstraße
Flavius Valerius Constantinus, bekannt als Konstantin der Große oder Konstantin I. Römischer Kaiser von 306 bis 337. Er ließ um 310 die erste befestigte Rheinbrücke im römischen Köln bauen und gründete zur gleichen Zeit am rechtsrheinischen Brückenkopf das Castellum Divitia, dem Kern der Siedlung Deutz.

Custodisstraße
Das Ehepaar Custodis spendete ein Grundstück in Deutz, auf dem 1926 die »Chirurgisch-orthopädische Anstalt« eingeweiht werden konnte: das heutige Eduardus-Krankenhaus (benannt nach dem Vornamen des Architekten Custodis). Es ist heute ein modernes Hospital der Grund- und Regelversorgung. Die Klinik für Sportorthopädie und Arthroskopie ist bei Profi- und Amateursportlern gleichermaßen gefragt.

Deutzer Feld
Frühere Gebietsbezeichnung für freie Fläche nördlich und östlich von Deutz. Ehemaliger Rangier- und Abstellbahnhof.

Deutzer Freiheit
Graf Adolf VI. von Berg gab 1322 den Städten Deutz und Mülheim Vriheit (Freiheit) von allen Abgaben und Diensten und ein weltliches Gericht.

Deutz-Kalker Straße
Kalk gehörte fast 800 Jahre zum kurzkölnischen Amt Deutz. Die Straße verbindet die beiden heutigen Kölner Stadtteile.

Deutz-Mülheimer Straße
Die Straße verbindet die benachbarten Kölner Stadtteile Deutz und Mülheim. Mülheim, benannt nach den einst am Strundenbach existierenden Mühlen, gehörte seit dem Mittelalter zum Herzogtum Berg.

Dr.-Simons Straße
Letzter Rabbiner von Deutz. Geboren 1887 wurde Simons zusammen mit den anderen Familienmitgliedern im KZ Auschwitz umgebracht.

Düppelstraße
Die Straße erinnert wie die Alsenstraße an den preußisch-dänischen Krieg (Erstürmung der Düppeler Schanzen durch das in Deutz liegende Pionierbataillon). Früher: Poststraße.

Eumeniusstraße
Aus der Prunkrede des gallischen Rethors Eumenius in Trier zu Ehren von Konstantins kann entnommen werden, dass die Römerbrücke (auch als Konstantinbrücke geläufig) um 310 erbaut wurde.

Gebrüder-Coblenz-Straße
Der Straßenname erinnert an die Brüder Josef und Franz Heinrich Heribert Coblenz. Sie waren Tabakfabrikanten und hinterließen der Stadt rund 2 Millionen Goldmark für ein Asyl für altersschwache Personen aus Deutz.

Gotenring
Bezug zu den West- und Ostgoten. Aus den gotischen Siedlungsgebieten befinden sich wertvolle Fundstücke im Römisch-Germanischen Museum Köln.

Grabengasse
Die Gasse stieß an den Stadtgraben von Deutz, der dem Zuge der heutigen Tempelstraße folgte.

Graf-Geßler-Straße
Friedrich-Leopold Graf von Geßler (1688-1762). Preußischer Generalfeldmarschall, dessen Namen ein Teil des rheinischen Kürassierregiment in Deutz erhielt. Früher: Düsseldorfer Straße.

Hans-Lommerzheim-Weg
Hans Lommerzheim (1930-2005), auch Lommi genannt, betrieb zusammen mit seiner Frau Annemie von 1959 bis 2004 die gleichnamige Gaststätte in Deutz. Die Kultkneipe hat bis heute den Ruf, die »kölschste Kneipe Kölns« zu sein.

Hasertstraße
Johann Hasert (1641-1672). Abt der Deutzer Abtei. Veranlasste den Wiederaufbau der im 30-jährigen Krieg zerstörten Abteikirche.

Helenenwall
Er folgte dem Verlauf des früheren Wallgrabens der preußischen Befestigung von Deutz.

Herbert-Liebertz-Weg
Die Straße wurde nach dem Förderer des Kanu-Wildwasser-Rennsports, Herbert Liebertz, genannt. Er gründete das KSK-team, das unter der Deutzer Brücke seine Vereinsräume hat.

Heribertstraße
Heribert von Köln (um 970 bis um 1021). Später heiliggesprochener Erzbischof von Köln. Er gründete 1003 die Benediktinerabtei Deutz auf dem ehemaligen Gelände des Deutzer Kastells. Nach ihm sind die katholischen Kirchen St.-Heribert (Alt) und St.-Heribert (Neu) in Deutz benannt. Seine Reliquien befinden sich im Heribertschrein des Düxer Doms (St. Heribert neu).

Hermann-Pünder-Straße
Hermann Josef Maria Ernst Pünder (1888-1976) war erster Nachkriegsbürgermeister von Köln (1945-1948).

Im Hasental
Flurbezeichnung für ein altes Flussbett zwischen Deutzer Hafen und Alter Mühlenweg.

Judenkirchhofsweg
Hier befindet sich der jüdische Friedhof, der seit 1699 besteht, mit Gräbern bekannter jüdischer Persönlichkeiten aus Köln, zum Beispiel Mitglieder der Familie Oppenheim oder der Vater von Jaques Offenbach.

Karlstraße
Karl Overhoff übernahm die in Deutz liegende Porzellanfabrik Averer & Bruckmann und führte sie zu Ruhm.

Kasemattenstraße
Benannt nach den dort befindlichen Wall- und Festungsgewölben des preußischen Militärs (Kasematten). In einem dieser Kasematten wurde August Bebel (siehe Bebelplatz) geboren. 1918 wurden die Kasematten geschleift.

Kennedyufer
John F. Kennedy (1917-1963). Der 35. Präsident der USA besuchte Köln am 23. Juni 1963.

Lorenzstraße
Lorenz Wollseifen erbaute in dieser Straße mehrere Häuser.

Luisenstraße
Luise Herzogin von Mecklenburg-Strelitz (1776-1810). Mutter des späteren preußischen Königs Friedrich Wilhelm IV., der unter anderem die Fertigstellung des Kölner Doms unterstützte und förderte.

Mathildenstraße

Benannt nach Anna Maria Mechtildis Sinsteden (1782-1845); auch Tempelmadame genannt, weil sie den Tempelhof in Deutz, den sie mit ihrem Mann Johann Caspar Neuhoff bewohnt hatte, der katholischen Pfarrgemeinde vermachte, mit der Auflage, spätestens zehn Jahr nach ihrem Tod auf dem Grundstück mit dem Neubau einer Kirche zu beginnen. 1891 wurde mit dem Bau von St.-Heribert Neu (Deutzer Freiheit/Tempelstraße) begonnen.

Mindener Straße

Im Bereich Mindener Straße (früher Vocher Gasse) befand sich das Hauptsiedlungsgebiet der ersten jüdischen Gemeinden mit Synagoge und Lehrhaus. Zur Preußenzeit war die Mindener Straße Endstation der Köln-Mindener Eisenbahngesellschaft.

Neuhöfferstraße

Wilhelm Franz Neuhöffer war von 1808 bis 1842 langjähriger Bürgermeister von Deutz.

Otto-Gerig-Straße

Der Namensgeber dieser Straße wurde 1885 in Deutz geboren. Von 1923 bis 1933 war Otto Gerig Mitglied des preußischen Landtags und des Reichstages. Der Zentrumspolitiker wurde 1944 verhaftet und im KZ Buchenwald ermordet.

Ottoplatz

Nikolaus August Otto (1832-1891) gründete die erste Motorenfabrik der Welt. 1872 verlegte Otto zusammen mit seinem Kompagnon und Mäzen Eugen Langen das Unternehmen nach Deutz (Gasmotoren Deutz AG). Hier wurde der bis heute weit verbreitete Viertaktmotor konstruiert. Ein Denkmal mit dem Modell des berühmten »Otto Motors« steht vor dem Deutzer Bahnhof.

Reischplatz
Carl Robert Reisch (1833–1904) war der letzte Deutzer Bürgermeister. Die mit dem Kölner Bürgermeister Friedrich Wilhelm von Becker ausgehandelten Eingemeindungsverträge besiegelten am 1. April 1888 die jahrhundertelange Eigenständigkeit von Deutz.

Reitweg
Der Weg führte zum Reitplatz der Deutzer Kürassiere (Dragoner Regiment).

Ripuarenstraße
Als Nachfolger der Römer kamen die Rheinfranken, auch Ripuaren genannt und machten Köln zur Hauptstadt des Ripuarenreichs.

Rolshover Weg
Rolshoven ist ein Ortsteil von Köln-Poll und gehört somit zum katholischen Pfarrverband Deutz.

Rupertusstraße
Rupert von Deutz, auch Rupertus Tuitiensis genannt (um 1070-1129), war ein Exeget, Mystiker und Liturgiekommentator. Er wurde 1120 Abt des Benediktinerklosters St. Heribert in Deutz.

Schaurtestraße
Benannt vermutlich nach Gerhard Schaurte (1842-1867). Sachaurte war vorletzter Bürgermeister der Stadt Deutz. Gemeint sein könnte aber auch der Neffe, Theodor Schaurte, dem Beigeordneten der Stadt Köln.

Siegesstraße
Die Straße erinnert an verschiedene siegreiche preußische Feldzüge. Früher Viktoriastraße.

Tempelstraße
Benannt nach den Templern, auch Tempelherren oder Tempelritter genannt, die in Deutz Ländereien des Pantaleonstifts zu Lehen hatten.

Infolge der Säkularisation durch französische Revolutionstruppen (1803) kam das Gelände an die »Tempelmadam«, Mechthildes Neuhoff (siehe Mathildenstraße).

Theodor-Babilon-Straße
Geschäftsführer des Kolpinghauses Köln. Er wurde gemeinsam mit Otto Gerig (siehe Otto-Gerig-Str.) nach Buchenwald transportiert und dort 1945 ermordet.

Thusneldastraße
Thusnelda (um 10 vor Christus - 17 nach Christus) war die Ehefrau des Cheruskerfürsten Arminius (Sieger der Varusschlacht 9 nach Christus). Nach ihr ist auch ein Gymnasium in Deutz benannt.

Timur-Icelliler-Weg
Hinter diesem Straßennamen verbirgt sich eine besonders tragische Geschichte: *(Unter dem Bild des Straßenschildes)*
»Gewidmet ist der Weg dem Fußballtrainer der A-Jugend des Deutz 05, der im Jahr 2000 auf dem Fußballfeld vom Blitz getroffen wurde. Daraufhin lag Timur Icelliler fast sieben Jahre lang im Wachkoma, bis er mit gerade mal 29 Jahren verstarb.«

Urbanstraße
Papst Urban I., sein Pontifikat dauerte der Überlieferung nach von 222 bis 230, war Patron der alten Deutzer Pfarrkirche, die im 19. Jahrhundert niedergelegt wurde.

Von-Sandt-Platz
Johann Stephan von Sandt war der letzte Amtmann zu Köln und Deutz (Kurkölnischer Amtmann von Deutz 1774–1806).

Wolfgang-Anheisser-Straße
Wolfgang Anheisser (1929–1974) war ein international bekannter Bariton. Er verstarb nach einem tödlichen Unfall in der Kölner Oper. Sein Wohnhaus befand sich am Gotenring in Deutz.

RHEINUFERLÄNGE: 27,3 K

VEREINE

SCHULEN

ESSEN UND TRINKE

15.785

KUNST

SCHÜLER UND SCHÜLERINNEN: 2856

ERHOLUNGSFLÄCHE

05 PRAKTISCH ALLES ZUSAMMEN

524 HEKTAR

MENSCHE

RHEINUFERLÄNGE: 27,3 KILOMETER.

KULTUR

NTEIL: 15, 7 KM²

PRAKTISCH ALLES ZUSAMMEN

Daten, Fakten, Zahlen

Angesichts der örtlichen Vielfalt und Veränderungen sind nachfolgende Angaben eine Momentaufnahme und erheben insbesondere im gastronomischen Bereich keinen Anspruch auf Vollständigkeit.

Fläche

Deutz ist der rechtsrheinische Teil des Kölner Stadtbezirks 1 (Innenstadt) und mit einer Fläche von über 524 Hektar der größte der fünf Stadtteile im Bezirk. Die Rheinuferlänge des gesamten rechtsrheinischen Gebiets beträgt 27,3 Kilometer.

Statistik (Stand 2021)

In Deutz leben **15.369** Menschen.

Das Durchschnittsalter der Bevölkerung beträgt: **41.4** Jahre

Die Anzahl der Haushalte beträgt insgesamt: **8759**

Die Anzahl der Schüler und Schülerinnen an allgemeinbildenden Schulen beträgt: **2820**

Der Zuzug nach Deutz beträgt im Jahr 2019: **1119** Menschen

Der Fortzug aus Deutz beträgt im selben Jahr: **1196** Menschen

Bevölkerung mit Migrationshintergrund: **33,7 %**

Einwohner/-innen nach Konfession: Evangelisch **2284**, Katholisch **4688**, Sonstige ohne Angabe **8397**

Deutz verfügt über einen Erholungsflächenanteil von: **15,7 %**

(Quelle: Kölner Stadtteilinformationen - Zahlen 2021 (www.stadt-koeln.de))

Informationen – Service

Bürgerzentrum Deutz
Bürgerzentrum Deutz: Startseite (www.buergerzentrum-deutz.de)

Köln-Deutz.de – Die schönste Seite Kölns!
Die schönste Seite Kölns! – Köln Deutz kommt! (www.koeln-deutz.de)

SeniorenNetzwerk Deutz
Deutzer SeniorenNetzwerke Köln (www.seniorennetzwerke-koeln.de)

Service – Zentrale Dienste
Zentrale Dienste – Stadt Köln (www.stadt-koeln.de)

Schulen

Berufskolleg Deutzer Freiheit
Eumeniusstraße 4

Deutzer Gymnasium
Schaurtestraße 1

Gemeinschaftsschule
Gotenring 5

Gymnasium Thusneldastraße
Thusneldastraße 15–17

Hans-Böckler-Berufskolleg
Eitorfer Straße 18–20

Katholische Grundschule Gotenring
Gotenring 5

Köln-Kolleg
Judenkirchhofsweg 6

Nicolaus-August-Otto-Berufskolleg
Eitorfer Straße 16

Städtische Förderschule, Förderschwerpunkt Sprache
Alter Mühlenweg 2

Städtische Grundschule Gotenring
Gotenring 5

Städtische Realschule Köln Deutz
Im Hasental 41

Technische Hochschule (TH)
Betzdorfer Str. 2

Werner-von-Siemens-Schule
Eitorfer Str. 18

Vereine

Bürgerverein Deutz e.V.
Euminiusstraße 9

Bürgerzentrum Deutz
Tempelstraße 41–43

Ceno & Die Paten e.V.
Gebrüder-Coblenz-Straße 10

D.K.G. Schäl Sick von 1952 e.V.
Markomannenstraße 19

deutzkultur.e.V.
Postfach 21 02 27

Düxer Clowns e.V. vun 1973
Türnicher Straße 26a

Düxer Freibeuter
Gotenring 55

Düxer Schötze – St. Sebastianus Schützenbrüderschaft Deutz e.V. gegr. vor 1463
Auf dem Sandberg 14

FHPD – Förderverein Historischer Park Deutz e.V.
Karlstraße 15

IG Deutzer Dienstagszug gegr. 1970 e.V.
Mathildenstraße 45

Kanu Sportfreunde Köln e.V.
Bootshaus Deutzer Brücke / Herbert-Liebertz-Weg

Sportvereinigung Deutz 05 e.V.
Dr.-Simons-Straße 10

Kunst

Elmar Robert
Medieval Art Cologne
Tempelstraße 23
www.robert-art.com

Hasan Hüseyin Deveci
Malerei Zeichnungen
Mathildenstr. 32-34
www.hhdeveei.de

Kölner-Maler-Kreis
Künstler aktiv
Auenweg Rheinpark
www.koelner-maler-kreis.de

quadrArt
Künstler Dirk Weber
Eitorfer Str. 6
www.kunstweber.com

Kultur

Bürgerzentrum Deutz
Tempelstr. 41-43
www.buergerzentrum-deutz.de

Caracho Event-Theater
Benediktusgasse 10
Walkacts und mehr

deutzKultur e.V.
Helenwallstr. 20 A
Der Kulturverein in Köln-Deutz

Lanxess Arena
Willy-Brandt-Platz 3
www.lanxess-arena.de

Kölner Oper im Staatenhaus
Rheinparkweg 1
Home - Oper Köln
(Interimsspielstätte bis zur Fertigstellung der Sanierungsarbeiten am Offenbachplatz)

Rheinischer Kultursommer
KölnTriangle
www.rheinischer-kultursommer.de

Tanzbrunnen
Rheinpark

TanzFaktur
Siegburger Str. 233w
www.theater.koeln.de

Theater Der Keller
Siegburger Str. 233w
www.theater-der-keller.de

Essen und Trinken

KÖLSCHE GASTSTÄTTEN

Antik Brauhaus
Bei Schnitzel und Bier vom Fass sind alte Uhren, Wählscheibentelefone und andere Antiquitäten zu betrachten.
Deutzer Freiheit 85–87
www.antik-brauhaus.de

Brauhaus ohne Namen
Traditionelle Gerichte wie Schweinshaxe sowie Kölsch in einer modernen Schankwirtschaft mit Terrasse.
Mathildenstraße 42
www.brauhaus-ohne-namen.de

Deutzer Brauhaus
Brauhaus am Bahnhof in modernem Ambiente mit traditioneller rheinischer Küche und Kölschen Tapas.
Ottoplatz 7
www.deutzerbrauhaus.de

Em Bierstüffge
Brauereischänke mit kreativen kulinarischen Ideen und jede Menge Erfahrung.
Graf-Geßler-Straße 1
www.em-bierstueffge.de

Haus Zeyen
Steaks, Schnitzel und Schweinekoteletts mit Bratkartoffeln in einer traditionellen Kneipe mit Kölsch vom Fass.
Neuhöfferstraße 27-29
www.gaststaette-zeyen.de

Kaiser Konstantin – Kölsches Brauhaus
Kölsche Gerichte, frisches Kölsch und einzigartiger Ausblick auf die Kölner Skyline.
Kennedy-Ufer 1
www.kaisercologne.de

Lommerzheim
Die angeblich kölscheste aller Kölsch-Kneipen. Seit 1883 bestehendes Brauhaus in traditionellem, rustikalem Ambiente mit rheinischer Küche und Biergarten.
Siegesstraße 18
www.lommerzheim.koeln

INTERNATIONALE KÜCHE

bona'me
Das puristische kurdisch-türkische Restaurant mit Terrasse serviert Pide sowie Nudel- und Pfannengerichte.
Kennedyplatz 2
www.bona-me.de

CAFE ESPECIAL – Mexikanische Küche
Hazienda-Flair an Holztischen unterm Deckenpropeller oder im Freien mit Texmex-Klassikern und Tequila-Bar.
Neuhöfferstraße 32
www.cafe-especial.com

Grissini – Cucina Italiana
Italienische Küche mit vielen frischen Fleisch- und Fischgerichten, unterschiedlichen Pastakreationen und abgestimmter Weinauswahl
www.grissini-restaurant.de

Glashaus Restaurant
Edles Hotelrestaurant mit Blick auf den Rhein und kreativer internationaler Küche in einem hellen Speiseraum.
Kennedyufer 2
www.glashaus-restaurant.de

Hotel Lux
Russisches Restaurant mit traditioneller Küche, opulentem Interieur, roten Samtmöbeln und Sowjet-Dekor.
Von-Sandt-Platz 10
www.hotelux-koeln.de

Joe Champs Deutz
American Sportsbar mit Restaurant.
Constantinstraße 96
www.joe-champs.de

Min Cuisine – Vietnamesische Küche
Min Cuisine asiatique & Bar verbindet die asiatische Fusionsküche aus Vietnam & Japan.
Mindener Straße 4

Mongo's Restaurant – Asiatische Küche
Im Lokal mit geflochtenen Bambuslampen wird Essen vom All-you-can-eat-Buffet am mongolischen Grill zubereitet.
Ottoplatz 1
www.mongos.de

Pizza Diana
Einzigartige Pizzas mit sehr dünnem Boden, die direkt auf Stein gebacken werden.

Deutzer Freiheit 72
www.pizza-diana.de

Restaurant Henkelmännchen
In modernem Ambiente wird ein wechselndes Lunchmenü mit Salatbar geboten, sonntags ein opulentes Brunchbuffet.
Willy-Brandt-Platz 2

Restaurant Oasis
Grillfleisch, Meeresfrüchte und Vorspeisen in einem Restaurant mit Uferterrasse und Domblick.
www.restaurantoasis.de

Rosenstock
Café, Restaurant und Bar in zwanglosem, gemütlichem Ambiente mit internationaler Küche und Terrasse.
Mindener Straße 2
www.rosenstock.de

Sushi Haus
Kleines Sushi-Restaurant mit Tagesmenü, Online-Bestellung, einfacher Einrichtung und drei Filialen in Köln.
Von-Sandt-Platz 12
www.sushihauskoeln.de

CAFÉ – BISTRO

Café Heimisch
Frühstück, Salate und Kuchen, auch vegane Optionen, und Bio-Kaffee in einem gemütlichen Café mit 2 Ebenen.
Deutzer Freiheit 72-74
www.heimisch.cafe

Villa Mathilde
Ausgefallenes Angebot verschiedener Leckereien, sowohl zum Kaffee als auch zum Mittagstisch oder zu einem Glas Wein.
Mathildenstraße 27
www.villamathilde.de

St. Louis
Bagels, Panini und vegane Speisen in einem kleinen Lokal mit Fensterfront und einer Handvoll Tische.
Deutzer Freiheit 89
www.saintlouisonline.de

Coltamai Eisdiele
Jahrzehntelange Eistradition in Deutz. Vereinslokal der Düxer Clowns.
Gotenring 14

Parkcafé Rheinpark
Auf der Speisekarte des nach fast 40 Jahren wiedereröffneten Cafés stehen: Currywurst, Wraps, Bergische Waffeln, Eis, Kaffee und Kuchen. Im Adenauer-Salon gibt es mediterrane Küche.

IMBISS

Arena Grill
Imbiss für Döner, Burger und Pizza in gemütlicher Atmosphäre mit Fußball und einfacher Einrichtung.
Constantinstraße 94
www.arena-grill.com

Imbiss Athena
Der einfach eingerichtete griechische Schnellimbiss serviert bodenständiges Gyros sowie Pizza und Salate.
Justinianstraße 2
www.imbiss-athena.de

Pizza & Döner Mediterrane
Schmackhaftes Essen ohne langes Anstehen.
Justinianstraße 13

Schäl Sick Grill
Türkischer Grillimbiss mit Döner, Dürüm, Börek, Falafel, Pizza, Burger, Hähnchen und einfacher Einrichtung. Die Küche achtet auf eine halale, vegane, koschere und vegetarische Zubereitung der Speisen.
Deutzer Freiheit 82
www.schaelsick.com

Feste, Markt und Termine

Auf dem Vorplatz der Kirche St. Heribert an der Deutzer Freiheit wird immer freitags der **Wochenmarkt** abgehalten. Er ist von 7 bis 13 Uhr geöffnet.

Jedes Jahr wird an einem der August-Wochenenden ein großes **Familien- und Stadtteilfest** auf der Deutzer Freiheit gefeiert.

Seit 2010 gibt es ebenfalls im August jeden Jahres das **Deutzer Kastellfest** auf der Festwiese des LVR-Landeshauses direkt am Rheinboulevard. Organisiert wird das Epochenfest vom Förderverein Historischer Park e.V.

Jeweils im Frühjahr und Herbst findet auf dem Gelände der Deutzer Werft die traditionelle **Deutzer Kirmes** statt. Das Volksfest dauert in der Regel 10 Tage.

Über weitere aktuelle Termine in Deutz informieren folgende Plattformen:
www.koeln-deutz.de
www.termine.koeln.de

Zum Schluss

Während die Geschichte und Gegenwart der Stadt Köln in einer nahezu unüberschaubaren Anzahl von Büchern dokumentiert, analysiert und illustriert ist, sind die Chroniken ehemaliger Kölner Vororte und Randgebiete, welche das heutige Stadtbild prägen, weit weniger publizistisch präsent. Dies gilt insbesondere für das rechtsrheinische Köln, sicher aber auch für die ehedem eigenständigen Orte im Linksrheinischen, welche im Laufe der Zeit eingemeindet wurden. Es war mir insofern ein Anliegen, mit diesem Buch dazu beizutragen, Deutz als ehemalige eigenständige, selbstbewusste Ortschaft zu präsentieren, welche sich in den letzten Jahrzehnten zu einem überaus vielfältigen Kölner Stadtteil entwickelt hat.

Deutz ist Teil der Innenstadt – historisch, politisch, postalisch und, was die meisten Bewohner angeht, auch gefühlt. Gleichwohl gibt es einen kleinen, aber nicht unwesentlichen Wermutstropfen: Noch nie in der langen Tradition des Kölner Karnevals ist der Rosenmontagszug durch Deutz marschiert. Insofern wird der 20. Februar 2023 in die Annalen der Deutzer Geschichte eingehen. Anlässlich seines 200. Geburtstags startet der Kölner Rosenmontagszug an diesem Tag erstmalig und (vorerst?) einmalig im rechtsrheinischen Innenstadtbezirk. Eine längst fällige Geste und zugleich ein »symbolischer Brückenschlag« zwischen den links- und rechtsrheinischen Jecken.

Von solchen und vielen anderen großartigen Ereignissen in und um Deutz handelt dieses Buch. Hierbei habe ich die Ausführungen durch multimediale Erzählformen ergänzt, und ich hoffe, Sie konnten und können mein Buch als eine bunte, vielfältige und sehr lebendige Ortsbeschreibung erleben.

Nachdem ich mich nun so ausgiebig mit Köln-Deutz beschäftigt habe, beschleicht mich dennoch das Gefühl, etwas vergessen oder unerwähnt gelassen zu haben. Dem ist auch sicher so, worauf ich mit einem afrikanischen Sprichwort antworten möchte: Niemals ist alles gesagt.

Darüber hinaus kann es sein, ja, ist es sogar wahrscheinlich, dass an der ein oder anderen Stelle des Buches Informationen fehlen, sich Fehler eingeschlichen haben oder manches Wort dem ähnelt, welches bereits einmal gesagt oder geschrieben wurde. But, nobody is perfect! – Und niemand vor Fehlern gefeit. Insofern bin ich für jeden Hinweis, jede Korrektur, Richtigstellung und/oder Ergänzung dankbar und lade dazu ein, Lücken zu schließen und das Wissen von und über Deutz zu komplettieren.

Danksagung

Herzlichen Dank an alle, die mich inspiriert und unterstützt haben, dieses Buch zu schreiben. Zuvorderst geht mein Dank an Bernd Gerritzen, der mir mit vielen wertvollen Tipps geholfen hat und jederzeit zum Gedankenaustausch bereit war.

Die Idee, das Projekt intermedial anzulegen, verdanke ich meinem Berliner Freund Tim Hagemann. Eine Diskussion über sein außergewöhnliches Buch Kunst der Arbeit gab den entscheidenden Impuls, welcher bei mir erfolgreich haften blieb.

Ganz besonders bedanke ich mich bei dem wunderbaren Dr. Martin Stankowski, bei Prof. Dr. Walter Buschmann, Pfarrer Jürgen Dreher und dem Zeitzeugen Johannes Bodewig sowie dessen Freund Georg Klein, der mir den Kontakt ermöglicht hat. Sie alle haben mit ihren Beiträgen dem Buch eine ganz spezielle Note verliehen.

Extrem hilfreich war Michael Weber, der mich nicht nur medial beraten hat, sondern zudem in stundenlanger Feinarbeit Bilder und Videoaufnahmen kreativ zusammengefügt, geschnitten und aufbereitet hat. Vielen Dank auch an Wolfgang Schröder, der sich die Zeit nahm, mein erstes Manuskript zu lesen und es konstruktiv-kritisch kommentierte. Ebenso danke ich dem Emons-Verlag für sein Vertrauen sowie dessen Lektoren Daniele Leo und Sibylle Miller, die mir kompetent zur Seite standen.

Schließlich gilt ein großer Dank Sula, meiner Liebsten, die mich immer wieder motiviert, unterstützt und auf dem langen Weg begleitet hat.

Quellen, die dieses Buch ermöglicht haben

Sachbücher wie dieses haben nicht nur einen, sondern viele Autoren. Sie speisen sich vom eigenen Wissen ebenso wie von den Erkenntnissen zahlreicher Experten, Gelehrter und interessanter Menschen. Die in diesem Buch verwendeten Quellen habe ich mit bestem Wissen und Gewissen recherchiert und wiedergegeben. Sollten mir dennoch Fehler oder Versäumnisse unterlaufen sein, bitte ich dies zu entschuldigen und zu korrigieren.

Zurück nach vorne

1 Herres, J. (2012): Geschichte der Stadt Köln. Band 9. Köln in preußischer Zeit. Seite 419. Greven Verlag. Köln.

2 Schulchroniken der katholischen und evangelischen Volksschulen Deutz, begonnen 1873 beziehungsweise 1855.

3 Buschmann, W., Bednorz, A. (2021): KÖLN Historia Monumentalis. Band 2: Schäl Sick. Könemann-Verlag. Köln.
4 Ceno & Die Paten e.V. (Hrsg.) (2021): Wider das Vergessen: Deutz – ein Blick zurück. 2. Auflage. Ehrenamtsagentur. Köln.
5 Kruppa, H. (2001): Deutz. Ein Kölner Stadtteil mit großer Geschichte. Neu bearbeitet von Carl Dietmar. S. 23–32. J.P. Bachem Verlag, Köln.
6 Stankowski, M. (1989): Köln. Der andere Stadtführer. Band 2. Volksblatt Verlag. Köln.
7 Frohn, Christina (1999): Karneval in Köln, Düsseldorf und Aachen 1823–1914. Dissertation. Seite 253.
8 Buschmann, W., Hennies, M., Kierdorf, A. (2018): Via Industrialis. Entdeckungsreise Kölner Industriekultur. Klartext-Verlag. Essen.
9 Kruppa, H. (2001): Deutz. Ein Kölner Stadtteil mit großer Geschichte. Neu bearbeitet von Carl Dietmar. S. 48. J.P. Bachem Verlag, Köln.
10 Preußische Befestigung von Deutz. In KuLaDig, Kultur. Landschaft. Digital. Url: https://www.kulag.de/Objektansicht/O-63688-20130403-3 (abgerufen: 26. Mai 2021).
11 Kruppa, H. (2001): Deutz. Ein Kölner Stadtteil mit großer Geschichte. Neu bearbeitet von Carl Dietmar. S. 49. J.P. Bachem Verlag, Köln.
12 Die Interviewauszüge von Johannes Bodewig stammen aus Gesprächen mit dem Autor und der Geschichtswerkstatt Deutz. Ein Großteil der Interviews ist veröffentlicht in: Ceno & Die Paten e.V. (Hrsg.) (2021): Wider das Vergessen: Deutz – ein Blick zurück. 2. Auflage. Ehrenamtsagentur. Köln.
13 Messelager Deutz. In: KuLaDig. Kultur Landschaft Digital: https://www.kulagdig.de/Objektansicht/O-19831-20111107-4.

Links:

https://de.wikipedia.org/wiki/Deutz_(Köln)
https://de.wikipedia.org/wiki/Kastell_Deutz
https://de.wikipedia.org/wiki/Römerbrücke_(Köln)
https://de.wikipedia.org/wiki/Köln
https://fhpd.de/

Durchweg offen sichtlich

1 Köln.de (2017): Prost Schäl Sick. Das Deutzer Brauhaus ist zurück. Autor: Helmut Löwe.

2 Hochscheid, W. H. (1988): Der Düxer Bock. Zusammenfassung verschiedener Einzelsagen. In: Deutzer Bürgervereinigung (Hrsg.): Deutz 1888–1988. 100 Jahre Eingemeindung. Köln.

3 Kruppa, H. (2001): Die Geschichte vom Düxer Bock. In: Deutz. Ein Kölner Stadtteil mit großer Geschichte. 2. Auflage, neu bearbeitete und erweiterte Ausgabe von Carl Dietmar, Bachem Verlag. Köln.

4 maxcologne (www.archive.org)

5 Vgl. Angelika Thiekötter, Deutsche Werkbund-Ausstellung Cöln 1914 – Idee und Realisierung, in: Die Deutsche Werkbund-Ausstellung Cöln 1914,Ausstellungskatalog. Köln 1984.

6 Brixius, V. (2004): Der Rheinpark in Köln. Geschichte einer Gartenanlage von 1914 bis heute. Band I. Dissertation vorgelegt an der Universität zu Köln.

7 Kittlass, B. (1988): Die Bundesgartenschauen 1957 und 1971. In: Deutzer Bürgervereinigung (Hrsg.): Deutz 1888–1988. 100 Jahre Eingemeindung. Köln.

8 Der Köln-Lotse: Wat sin »Blauköpp«. (www.koeln-lotse.de)

9 Aus der Geschichte der jüdischen Gemeinden im deutschen Sprachraum. Jüdische Gemeinde – Deutz (Nordrhein-Westfalen).

10 Synagoge Deutz. In: KuLaDig. Kultur. Landschaft. Digital. (www.kuladig.de)

11 Gropp, B., Kieser, M., Kuhrau,S. (2019): Neues Bauen im Rheinland. Ein Führer zur Architektur der Klassischen Moderne. Eine Veröffentlichung des Landschaftsverbandes Rheinland. Michael Imhof Verlag. Petersberg.

12 Abtei Alt St. Heribert. In: KuLaDig Kultur, Landschaft. Digital. Benediktinerabtei (www.kuladig.de)

13 Buschmann W., Hennies, M., Kierdorf, A. (2018): Via Industrialis. Entdeckungsreise Kölner Industriekultur. S. 67. Klartext Verlag. Essen.

14 Eckstein, M. (2012): Kulturpfade Köln. Deutz – Kalk – Humboldt – Gremberg. S. 32 ff. Bachem-Verlag. Köln.

15 Buschmann W., Hennies, M., Kierdorf, A. (2018): Via Industrialis. Entdeckungsreise Kölner Industriekultur. S. 62 ff. Klartext Verlag. Essen.
16 NS-Dokumentationszentrum der Stadt Köln: Kriegsenden in Köln. Brückengeschichten.
17 Alle Beiträge zu »Kölner Rheinbrücken« sind inspiriert von: Rheindorf, H. (2010): Chronik der Kölner Rheinbrücken. Filmdokumentation. kölnprogramm GmbH. Köln.
18 KölnTriangle Designkonzept. In: www.gatermann-schossig.de
19 Hentrich, Anne (2013): Messeturm in Deutz. LVR Fachbereich Umwelt.
20 Irmgrund, B., Schmülgen T. (2017): 111 Kölner Kneipen, die man kennen muss. Emons Verlag. Köln.

Links:

Bahnhof Köln Messe/Deutz – Wikipedia
Ottoplatz in Deutz | Objektansicht (kuladig.de)
Deutsche BauZeitschrift (dbz.de)
Köln-Deutz: Rolltreppen außer Betrieb – Totalausfall am Bahnhof Deutz | Kölner Stadt-Anzeiger (ksta.de)
Düxer Bock – Wikipedia
DeWiki > Kölner Werkbundausstellung
Druckhaus Deutz Köln, Architektur - baukunst-nrw
Alt St. Heribert - sehenswuerdig.koeln
Aurora mit dem Sonnenstern: Die Ellmühle im Deutzer Hafen - Der Köln-Lotse (koeln-lotse.de)
Deutzer Hafen - Projektentwicklung - Stadt Köln (stadt-koeln.de)
Deutzer Schiffbrücke – Wikipedia
Südbrücke (Köln) – Wikipedia
Hohenzollernbrücke (Köln) – Wikipedia
Zoobrücke - Stadt Köln (stadt-koeln.de)
Landeshaus Köln – Wikipedia
Rheinpark (Köln) – Wikipedia
Startseite - TH Köln (th-koeln.de)